일제침탈사 36
바로알기

JN446150

일제의 식민 지배 정책과 언론통제

● 박용규 지음 ●

동북아역사재단
NORTHEAST ASIAN HISTORY FOUNDATION

발간사

일본이 한국을 침탈한 지 100년이 지나고 한국이 일본의 지배로부터 벗어난 지 80년이 넘었건만 식민 지배에 대한 청산은 이루어지지 못하고 있습니다. 일본의 독도영유권 주장은 도를 넘어섰습니다. 일본은 일본군'위안부', 강제 동원 등 인적 수탈의 강제성도 인정하지 않고 있습니다. 일본군'위안부'와 강제 동원의 피해를 해결하는 방안을 놓고 한일 간의 갈등은 최고조에 이르고 있습니다. 역사문제를 벗어나 무역분쟁, 안보위기 등 현실 문제가 위기 국면을 맞고 있습니다.

한일 간의 갈등은 식민 지배의 역사를 어떻게 볼 것인가 하는 역사 인식에서 기인합니다. 역사는 현재와 과거의 대화이며 이를 기반으로 미래로 나아갈 수 있습니다. 과거 침략의 역사를 미화하면서 평화로운 미래를 말하는 것은 불가능합니다. 식민 지배와 전쟁 발발의 책임을 인정하지 않고 반성하지 않으면 다시 군국주의가 부활할 수 있고 전쟁이 일어날 위험성도 배제할 수 없습니다. 미래지향적 한일관계를 형성하고 나아가 동아시아의 평화와 번영의 기틀을 조성하기 위해 일본은 식민 지배의 책임을 인정하고 그 청산을 위해 노력해야 할 것입니다.

식민 지배의 역사를 청산하기 위해서는 식민 지배가 어떻게 이루어졌는지 그 실상을 명확하게 규명하는 일이 긴요합니다. 그동안 일본제 국주의에 맞서 조국의 독립을 위해 헌신한 독립운동가들의 활동을 찾아내고 역사적으로 평가하는 일에는 상당한 성과를 거두었습니다.

반면 일제 식민침탈의 구체적인 실상을 규명하는 일에는 충분한 노력을 기울이지 못했습니다. 제국주의가 식민지를 침탈했다는 것은 너무나 당연한 사실로 여겨졌기 때문에 굳이 식민 지배에서 비롯된 수탈과 억압, 인권유린을 낱낱이 확인할 필요가 없었는지도 모릅니다. 그러는 사이 일본은 식민 지배가 오히려 한국에 은혜를 베푼 것이라고 미화하고, 참혹한 인권유린을 부인하는 역사부정의 인식을 보이는 데까지 이르고 있습니다. 일제의 통치와 침탈, 그리고 그 피해를 종합적으로 조사하고 편찬할 필요성이 여기에 있습니다.

일제침탈사를 체계적으로 정리하는 일은 개인이 감당하기 어렵습니다. 이에 우리 재단은 한국학계의 힘을 모아 일제침탈사 편찬위원회를 꾸렸습니다. 편찬위원회가 중심이 되어 일제의 식민지 침탈사를 정치·경제·사회·문화 모든 방면에 걸쳐 체계적으로 집대성하기로 했습니다. 일제 식민침탈의 실체를 파악하기 위해 2020년부터 세 가지 방면으로 사업을 추진하고 있습니다. 하나는 일제침탈의 실상을 구체적이고 생생한 자료를 통해서 제공하는 일로서 〈일제침탈사 자료총서〉를 편찬합니다. 다른 하나는 이들 자료들을 바탕으로 연구한 결과물을 〈일제침탈사 연구총서〉로 간행합니다. 그리고 연구의 결과를 대중들이 이해하기 쉽게 〈일제침탈사 교양총서〉를 '바로알기' 시리즈로 간행합니다. '바로알기' 시리즈는 우리 중학교, 고등학교 학생들도 어렵지 않게 읽을 수 있도록 제작했습니다. 오랫동안 학계에서 공부해 온 전문가 선생님들이 일제 침탈과 관련된 다양한 주제를 집필해 주셨습니다. 이해하기 쉽도록 해당 주제를 사안별로 나눠 집필해서 가독성을 높였고 사진과 도표도 충분히 곁들였습니다. '바로알기' 시리즈를 통해 많은 시민과 학생들이 제국주의 일본의 한반도 침탈과 그로 인한 피해 실상을 바로 알 수 있게 되기를 바랍니다.

2025년

동북아역사재단 이사장

일제는 강점 초기 강력한 무력으로 조선인을 지배했다. 그러나 1919년 거족적인 3·1운동은 일제의 조선 통치에 큰 충격을 주어, 기존의 헌병 경찰 중심의 '무단통치'만으로는 더 이상 식민지 지배를 유지하기 어려워졌다. 무력에 의한 지배에 한계를 느낀 일제는 정책 전환을 모색하며, 조선인을 회유하기 위해 '문화의 발달'을 내세운 '문화정치'를 실시했다. 하지만 문화정치를 표방했다고 해서 무력 사용이 사라진 것은 아니었다. 무력의 뒷받침을 받는 다양한 회유정책을 실시했을 뿐이다. 문화정치 시행 이후에도 경찰은 물리적 억압은 물론, 언론탄압과 같은 사상적·문화적 통제에도 앞장섰다.

무단통치 시기 일제는 가혹한 언론통제를 시행해 조선인이 의사를 표현할 매체를 허용하지 않았다. 그러나 문화정치가 시작되면서 언론·출판의 자유가 일정 부분 허용되었고, 새로운 매체의 발행이 가능해졌다. 이는 조선인의 사상 동향을 파악하고, 민중의 반일 감정과 불만의 폭발을 막기 위한 '안전판'으로 매체를 활용하려는 목적이었다. 일본어 해독률이 낮은 상황에서 조선어 신문과 잡지를 활용해 문화통치를 선전하고 내외의 비판 여론을 무마하며, 잔혹한 식민 통치의 진상을 은폐하기 위한 것이기도 했다.

조선총독부는 매체 발행을 허용하면서도 조선의 독립은 절대로 용인할 수 없다는 원칙을 갖고 매체를 강력히 통제하겠다고 밝혔다. 매체 발행을 허용한 이후에는 시기에 따라 통제의 수위와 방법을 결정했다. 한편 매체들은 총독부의 통제와 민중의 기대 사이에서 기사의 내용과 방향을 놓고 고민했다. 따라서 총독부의 탄압 대상과 방법이 시기에 따라 어느 정도 변화한 것은 당연한 일이었다.

일제는 비판적 보도를 막는 데 그치지 않고, 우호적 여론을 형성하기 위한 다양한 시도도 했다. 즉 언론탄압을 통해 비판을 막는 '소극적 통제'를 넘어, 언론을 선전 도구로 활용하는 '적극적 통제'까지 실시한 것이다. 조선인 발행 매체를 탄압해 민족개량주의나 친일적 논조로 변질시킨 것은 단순한 언론탄압을 넘어, 그러한 논조가 갖는 선전 효과까지 노린 행위였다. 특히 일제 말기에는 매체 구조를 완전히 개편하여 모든 매체를 전쟁 협력의 수단으로 활용하고자 했다.

일제는 각종 독소조항이 담긴 언론통제법을 제정하고, 언론탄압을 위해 사상통제법까지 적용했다. 당시 언론통제법은 지배자의 입맛에 맞는 매체만 발행하도록 하는 '허가제'와 발행 전에 매체의 내용을 사전에 검사하는 '검열제'를 규정하고 있었다. 이는 전근대적인 언론탄압 방식인데, 일제는 이런 허가제와 검열제를 모두 실시했다. 검열로 사전에 걸러내지 못한 매체의 내용에 문제가 있다고 판단하면, 행정처분이나 사법처분으로 사후에 강력하게 처벌했다. 총독부는 1930년대 말부터는 아예 매체를 없애거나 합쳐서 전쟁 수행을 위한 선전도구로 활용하려고 했다. 이 책은 일제의 언론통제 정책을 분석하기 위해 언론·사상통제법, 매체의 발행 허가, 매체의 내용에 대한 검열과 감청, 행정처분과 사법처분, 매체의 통폐합과 선전 활동에 관해 살펴본다. 이를 통해 당시 언론이 단순한 정보 매체가 아닌 조선을 관리하고 여론을 조작하는 도구로 활용되었다는 점을 이해할 수 있을 것이다.

2025년 11월

박용규

차례

1

언론·사상통제법

1) 언론통제법

일제는 1905년 을사늑약 이후 통감부를 설치하고 침략을 강화했다. 1907년에 일제는 대한제국 정부에 신문규제법을 제정하도록 강요했다. 같은 해 4월경 대한제국 정부와 통감부가 신문규제 입법에 관한 논의를 시작했고, 5월 30일 이완용 친일내각이 들어서면서 이러한 논의가 급진전되어 7월 24일에 「신문지법」이 반포되었다. 이는 '고종의 양위'를 전후한 한국민의 소요를 막기 위해 친일내각과 통감부가 취한 입법 조치의 일환이었다. 「신문지법」(1907. 7. 24. 대한제국 법률 제1호)은 전근대적 언론탄압의 대표적 수단인 허가제와 검열제는 물론, 발행인·편집인·인쇄인에 대한 허가제 및 강력한 사법적·행정적 처분 규정까지 포함했다.

제1조에서는 신문을 발행하려면 내부대신의 허가를 받아야 한다고 규정했다. 허가제는 권력의 입맛에 맞는 언론만 활동할 수 있도록 허용하

는 것으로 가장 강력한 통제 방식이다. 제4조의 보증금제도는 신문사에 재정적 부담을 주기 위한 것으로 일종의 간접적 탄압 방법이자 진입장벽의 의미가 있었다. 제5조에서는 학술·기예 또는 물가 보고에 관한 사항만 기재하는 신문은 보증금을 납부하지 않아도 된다고 규정했다. 바꾸어 말하면 제5조는 신문지법에 따라 허가받았더라도 보증금 납부를 허용받은 매체라야 정치·시사 기사를 게재할 수 있음을 의미했다. 신문지법으로 허가받은 신문이나 잡지 중 일부는 보증금 납부를 허용받지 못해 정치·시사 기사를 싣지 못했다.

제10조에서는 발행에 앞서 납본할 것을 명시해 사전검열을 하도록 만들었다. 검열은 매체의 내용을 미리 살펴보고 비판적인 내용을 걸러내려는 것이었다. 허가제로 마음에 드는 매체만 발행하도록 해놓고도, 검열제를 통해 그 매체의 내용까지 미리 살펴보고 통제하려 했다. 시간에 쫓기며 취재·보도 활동을 하는 일간지를 대상으로 엄격한 의미의 사전검열 시행은 현실적으로 불가능했기 때문에 사실상 처음에 인쇄한 신문을 제출해 검열을 받도록 했다. 총독부는 제작 과정 중 이루어지는 검열을 통해 각종 행정처분을 내려 비판적 내용을 걸러낼 수 있었다.

검열의 결과는 행정처분이나 사법처분으로 이어졌다. 제21조는 내부대신의 신문에 대한 행정처분권을 규정했다. 사회의 안녕과 질서를 방해하거나 풍속을 어지럽힌다는 등의 이유로 '발매금지, 압수, 발행정지(정간), 발행금지(폐간)' 등을 할 수 있도록 규정했다. 제11조에서는 황실의 존엄을 모독하고, 국가의 질서를 어지럽히거나 국제친선을 저해하는 등의 내용을 담은 기사의 게재를 금지한다고 했다. 제25조에서는 이를 위반했을 경우의 처벌조항을 규정했는데, 발행인·인쇄인·편집인을 3년 이하의 체형에 처하고 인쇄기계를 몰수한다는 강력한 내용이었다. 제26조에서는 사회의 안녕과 질서를 무너뜨리거나 풍속을 혼란스럽게 하면 10개월 이하 징역이나 50원에서 300원(현재 금액으로 500만 원에서 3,000만 원) 사이의 벌금을 내도록 했다.

신문지법이 처음 공포될 때는 외국에서 발간·유입되는 신문이나 국내에서 외국인이 발행하는 신문을 통제할 수 있는 조항이 없었으므로, 이를 해결하기 위해 1908년 4월에 이 법을 개정했다. 국내에서 외국인이 발행하는 신문이나 해외에서 교포들이 발행하는 신문에 대한 사전통제를 위해 신문지법을 개정한 것이다. 특히 영국인 배설이 발행하던 『대한매일신보』를 통제하려는 의도가 있었다. 신문지법에 제34조를 신설하여, 외국에서 발행하는 국문·국한문·한문의 신문 또는 외국인이 국내에서 발행한 국문·국한문·한문의 신문이 치안을 방해하거나 풍속을 어지럽게 할 때는 내부대신이 그 신문의 발매·반포를 금지하고 압수할 수 있도록 새롭게 규정했다. 제35조와 제36조에서는 각각 처벌규정을 두었다.

신문지법 공포 이후 신문에 대한 탄압은 빈번했지만, 출판물을 압수하고 저작자를 탄압하는 일은 드물었다. 일제의 경찰 당국은 출판물 통제 법안도 제정할 필요가 있다고 판단했고, 통감부가 압력을 가해 친일내각은 「출판법」(1909. 2. 23. 대한제국 법률 제6호)을 제정해 반포했다. 출판법은 사전검열을 통한 출판물의 허가를 규정했고, 강력한 처벌규정도 담았다.

제2조에서는 도서를 발행하기 위해 원고를 사전에 제출해 허가를 받아야 한다고 규정했다. 출판법의 가장 큰 문제는 사전에 원고 검열을 받고 통과해야만 발행할 수 있다는 점이었다. 제5조에서는 출판 후 2부를

납본해 다시 검열을 받아야 한다고 규정했다. 출판법의 적용을 받는 잡지나 서적은 원고 검열이라는 가장 확실한 사전검열을 받고도, 납본 후에 또 한 번 검열을 받아야 하는 이중 검열의 대상이 되었다.

출판법에는 잡지 발행과 관련된 별도의 규정이 없었다. 신문지법으로 허가받지 않은 잡지는 출판법에 근거해 '단행본의 계속 출판'이라는 형식으로 간행할 수밖에 없었다. 형식상은 '단행본의 출판'이고 실질적으로는 '잡지의 계속 발행'이었다. 단행본을 계속 간행하는 것처럼 발행되던 잡지들은 원칙적으로 학술·기술·통계·광고와 같은 종류의 내용만을 기재할 수 있었다. 즉 신문지법으로 허가받지 못한 잡지는 정치·시사 문제를 다룰 수 없었다. 일제가 정치·시사에 관한 기사를 싣는 매체의 수를 가능한 제한하려 했기 때문이다.

제13조에서는 출판법을 위반한 문서와 서적의 발매 및 반포 금지는 물론 압수처분이 가능하다고 규정했다. 원고 검열이라는 철저한 사전검열을 거치고도, 출판된 이후 필요하다고 판단되면 언제든지 반포 금지나 압수처분을 할 수 있도록 했다. 출판법은 허가제와 이중 검열, 그리고 행정처분과 사법처분까지 포함하고 있어, 일제강점기 내내 잡지나 서적의 통제를 위한 강력한 수단이 되었다.

총독부는 「조선에서의 법령의 효력에 관한 건」(1910. 8. 29. 조선총독부 제령 제1호)과 「1910년 제령 제1호에 의한 명령의 구분에 관한 건」(1910. 10. 1. 조선총독부 제령 제8호)을 통해 강점 이전 법령의 효력을 지속시켰다. 신문지법의 효력도 당연히 계속되었으며, 이 법은 일제강점기 내내 가장 기본적인 언론통제 수단이 되었다. 이는 신문지법을 대한제국이 공포했지만, 사실상 통감부가 입법한 것이나 다름없음을 보여주는 것이다.

일본 「형법」의 명예훼손 조항도 언론탄압의 수단으로 이용되었다. 형법 제230조는 공연히 사실을 적시하여 사람의 명예를 훼손한 자에 대해 그 '사실의 유무를 불문'하고 1년 이하의 징역 또는 금고, 또는 500원 이하의 벌금에 처하도록 규정했다. 사실을 보도해도 명예훼손이 되고, 공익적 기사라도 면책이 되지 않았기 때문에 관료·경찰·친일파들이 빈번하게 명예훼손 소송을 제기해 신문사나 기자들의 활동을 위축시키려 했다. 오늘날과는 달리 언론이 공익적인 목적으로 명확한 사실을 보도하는 것조차 명예훼손으로 처벌함으로써 권력에 대한 감시나 비판을 어렵게 만들었다.

일제강점기에는 방송에 관한 별도의 입법이 이루어지지 않았다. 조선인에게 독자적으로 방송을 허용한 것이 아니었으므로, 별도의 법률 제정 없이 일본의 방송 관련 법률을 조선에도 그대로 적용했다. 일본에서는 1923년 12월에 「방송용사설무선전화규칙」(1923. 12. 13. 일본 체신성령 제98호)을 공포했다. 이 규칙은 「무선전신법」 제2조 제6호 "위의 각 항 외에 주무대신이 특별히 시설이 필요하다고 인정한 것"이라는 규정을 근거로 제정된 것이었다. 즉 무선전신법에 방송에 관한 규정이 없으므로 별도로 방송용사설무선전화규칙을 제정한 것이다. 이 규칙은 전체 19조로 되어 있는데, 제1조에서 시사·음악·기타 사항을 방송하거나 청취하기 위해 시설하는 사설무선전화는 본령이 정한 바에 따른다고 규정했다. 이를 통해 초기에 방송을 일종의 '무선전화'로 보았음을 알 수 있다.

조선에서 방송사업을 허가하기 위해서는 일본의 무선전신법 제2조 제6호와 방송용사설무선전화규칙을 그대로 적용해야 했다. 다만 이를 조선에 적용하기 위해 1924년 9월 「시사·음악 기타사항을 방송 또는 청취하기 위해 시설하는 사설무선전화에 관한 건」(1924. 9. 6. 조선총독부령 제48호)을 공포했다. 당연히 방송사업의 형태도 일본과 마찬가지로 다양한 방송사업 희망자를 하나의 사단법인으로 통합해 운영하도록 했다. 방송 관련 법에는 방송 내용 규제에 관한 조항이 없었으므로, 방송에 대한 검열과 감청의 구체적인 법적 근거는 없었다.

2) 사상통제법

일제는 언론통제를 위해 사상통제법도 활용했다. 일제가 조선 지배를 위해 활용한 사상통제법인 「보안법」(1907. 7. 27. 대한제국 법률 제2호)과 「제령 제7호」는 신문지법, 출판법과 더불어 언론탄압에도 자주 사용되었다. 보안법은 신문지법과 마찬가지로 통감부 시대에 공포된 것인데 제7조에서 정치에 관해 불온한 말이나 행동을 하거나 타인을 선동·교사·사용하며 타인의 행위에 간섭해 치안을 방해한 자는 50대 이상의 태형(笞刑, 볼기를 치는 형벌)과 10개월 이하의 금옥(禁獄, 감옥에 가둠) 또는 2년 이하의 징역에 처한다고 규정했다. 보안법도 신문지법처럼 일제강점기 내내 언론인에 대한 처벌 규정으로 활용되었다.

일제는 3·1운동 직후인 1919년 4월 15일 공포한 「정치에 관한 범죄처벌의 건」(1919. 4. 15. 조선총독부 제령 제7호)도 언론탄압에 자주 이용했다. 보통 '제령 제7호'로 불리는 이 법령의 제1조는 정치의 변혁을 목적으로 다수가 함께 사회의 안녕과 질서를 방해하거나 방해하려는 자는 10년 이하의 징역 또는 금고에 처한다고 규정했다. 보안법과 제령 제7호는 치안유지법이 제정되기 전까지 언론을 포함해 조선인의 독립을 위한 모든 정치적 행위를 규제하는 주요 법령이었다.

1925년 4월 21일 일본에서 제정된 「치안유지법」이 같은 해 5월 12일에 시행되면서 칙령 제175호에 따라 조선에서도 그대로 적용되었다. 치안유지법은 국가 기본질서의 변혁과 사유재산제 부인에 대해 매우 강력한 처벌규정을 두었다. 이 법은 제1조에서 국가 기본질서를 변혁할 것을 목적으로 조직을 결성하거나 여기에 참여한 자에 대해서는 사형, 무기징역, 5년 이상의 징역 또는 금고에 처하고, 또한 사유재산제도를 부인할 것을 목적으로 조직을 결성하거나 여기에 참여한 경우에는 10년 이하의 징역 또는 금고에 처한다고 규정했다. 제2조에서는 목적 사항의 실행 협의, 제3조와 제4조에서는 선동, 제5조에서는 재산상의 공여 등에 대한 처벌을 규정했다. 일제강점기의 대표적인 사상통제법인 치안유지법은 신문지법이나 출판법 등 언론통제법들과 함께 언론탄압에도 적용되었다.

일제는 신문지법과 출판법을 기초로 보안법, 제령 제7호, 치안유지법 등을 동원해 언론 활동의 자유를 원천적으로 봉쇄하려 했다. 즉 허가제와 검열제라는 전근대적인 제도뿐만 아니라 언론·사상통제법의 모호하고 광범위하면서도 강력한 처벌규정으로 최소한의 민족적 언론 활동조차 불가능하게 만들었다. 이는 바로 조선에 대한 일제의 식민지 지배가 매우 가혹했음을 잘 보여준다.

1930년대 중반 이후 사상통제 차원에서 언론탄압을 강화하기 위한 법들이 만들어졌다. 1936년 6월 13일 공포된 일본의 「불온문서임시취체법」을 조선에 그대로 적용한다는 「조선불온문서임시취체령」(1936. 8. 8. 조선총독부 제령 제13호)이 시행되었다. 불온문서임시취체법 제1조에는 출판법 또는 신문지법에 따른 납본을 하지 않은 것을 출판한 자 또는 이를 반포한 자는 3년 이하의 징역 또는 금고에 처한다고 규정했다. 불온문서란 일제를 비판하거나 독립을 주장하는 문서를 가리키며, 취체(取締)란 단속을 의미한다. 주로 허가받지 않고 발행하는 신문·잡지·서적 등이 불온한 내용을 담을 가능성이 크다고 보고 이를 처벌하려는 것이었다.

1941년 12월에 공포된 「조선임시보안령」(1941. 12. 26. 조선총독부 제령 제34호)은 '시국에 관한 유언비어'라는 조항을 통해 조선 민중의 모든 표현이 처벌 대상이 될 수 있도록 만들었다. 실제로 '불온한 말과 행동'을 했다는 이유로 검거된 사람들에게 가장 많이 적용된 것이 바로 조선임시보안령이었다. 일제 말기로 갈수록 신문·잡지 등 매체뿐 아니라 사람 사이의 대화 등을 통한 정보 유통까지 강력히 처벌하려는 법이 제정된 것이다.

일제 말기에 유언비어(流言蜚語) 단속에 적용된 가장 강력한 법률은 육·해군 형법이었다. 「육군형법」 제28조 제7호와 「해군형법」 제23조 제7호에서는 적국을 이롭게 하려고 조언비어(造言蜚語)를 한 자는 사형에 처하도록 했다. 또한 육군형법 제99조와 해군형법 제100조에서는 전시 또는 사변 때 군사에 관해 조언비어를 한 자는 7년 이하의 징역 또는 금고에 처한다고 규정했다. '단파방송 청취 사건' 관계자들에게도 단파방송에서 청취해 전달한 사실이 조언비어라고 하며 육·해군 형법을 적용했다. 유언비어와 조언비어는 의미가 비슷하면서도 약간 차이가 있었고, 조언비어가 더 강도가 센 것을 뜻했으며 처벌도 더 강력하게 이루어졌다.

일제는 중일전쟁 발발 이후인 1938년 4월 1일 「국가총동원법」을 공포하고 5월 5일부터 시행했는데, 칙령 제316호에 따라 조선에서도 그대로 적용되었다. 국가총동원법은 주로 인력과 물자를 동원하고, 전시 경제체제를 구축·운영하기 위한 각종 통제정책을 담고 있었다. 국가총동원법 제20조에서는 전시를 맞이해 국가 총동원상 필요한 때에는 칙령이 정하는 바에 따라 신문과 기타 출판물의 게재를 제한하거나 금지할 수 있다고 규정했다. 제5조에서는 국가 또는 지방공공단체가 실행하는 총동원 업무에 협력하게 한다고 규정해 필요에 따라 신문에 특정 기사를 싣도록 강제할 수 있도록 했다.

2

매체의 허가

1) 신문 발행

일제는 1910년 조선 강점 이후 모든 신문을 폐간하고, 조선어 신문으로는 총독부 기관지 『매일신보』 하나만 남겨두었다. 『매일신보』는 일제의 식민지 지배 도구로서 그 역할을 충실히 수행했다. 일제는 1910년대 내내 조선인이 발행하는 신문을 단 한 개도 허용하지 않을 정도로 조선인의 의사 표현을 심각하게 제한했다. 1919년 거족적인 3·1운동으로 일제는 기존의 무단통치를 문화정치로 전환하며 조선인의 신문 발행을 허용하기로 했다. 신문 발행을 허용함으로써 조선인의 불만을 누그러뜨리고 신문을 통해 여론 동향을 파악하려는 목적이었다.

일제가 신문 발행 허용 방침을 밝히자 다양한 세력이 창간을 추진했다. 친일세력 중에도 신문 발행을 추진하는 집단이나 개인이 있었다. '동화주의'를 표방하던 민원식의 국민협회가 가장 적극적으로 움직였고,

귀족과 경제인들로 구성된 친일단체인 대정친목회도 신문 창간을 추진했다. 이렇듯 친일세력 안에서도 가장 적극적으로 활동하던 인물이나 단체들이 신문 발행에 큰 관심을 보였다. 친일세력은 자신들의 영향력을 확대하고 경제적 이익도 얻으려는 의도로 신문 발행을 추진했다. 이들은 일제강점기 내내 신문은 물론 잡지 등 각종 매체 발행에도 관심을 가지고 활동했다.

저항세력 안에서도 신문 발행을 위한 논의가 시작되었다. 3·1운동의 여파로 적극적 저항세력은 대부분 투옥되었거나 해외로 망명했기 때문에 일제에 협력하지는 않았지만 그렇다고 본격적으로 저항하지도 않았던 소극적 저항세력이 신문 발행의 중심이 될 수밖에 없었다. 그중 대표적인 인물이 이상협, 장덕준, 김성수였다. 이들은 총독부를 상대로는 '민심 파악'을 위해 필요하다고 주장하고, 내부적으로는 대중을 계몽해 '실력 양성'을 해야 한다는 판단 아래 신문 발행을 추진했다.

조선인 사이에 기대가 컸기 때문인지 경성에서만 조선어 신문의 신청이 10여 건이나 되었다. 총독부가 몇 개의 신문을 누구에게 허가할지 모르는 상황에서 신문 발행 허가를 신청한 개인이나 단체는 다양한 경로를 통해 총독부 당국자에게 협상이나 청탁을 해야 했다. 자신들이 어떤 역할을 할 수 있는지를 보여주어야만 신문 발행 허가를 받을 수 있다고 생각했기 때문이다. 총독부는 1920년 1월 6일에 3개의 조선어 신문의 발행을 허가했다. 전임 총독의 업무 인수인계 과정에서 조선인에게 두세 개 정도의 신문을 허가할 필요가 있다고 했던 내용을 참조하고, 신문을 신청한 세력들의 특성을 고려하여 3개의 신문 발행 허가를 최종적으로 결정했다.

신문과 정치세력과의 관계를 고려해 총 10여 개의 신문 발행 허가 신청자 중에서 3개를 선정했다. 조선총독부 경무국은 당시 정치세력을 동화파, 자치파, 독립파로 나누었는데, 동화파를 동화형 협력, 자치파를 분리형 협력, 독립파를 저항운동 세력으로 분류했다. 동화파와 자치파는 모두 친일세력이었지만, 동화파가 일본과 조선의 동화를 전제로 일본 의회의 참정권을 주장했던 반면, 자치파는 일본의 지배를 인정하면서도 별도의 조선 의회 설치를 통한 자치를 요구했다는 점에서 약간의 차이가 있었다. 이 시기 저항운동 세력은 주로 민족주의자들로 아직 비타협적 민족주의자들이나 사회주의자들과의 분화와 대립이 나타나지 않은 상태였다.

3개의 신문 중 총독부가 가장 먼저 발행 허가를 결정했던 것은 동화파의 『시사신문』이었다. 동화파인 국민협회는 총독부와 밀접한 관계를 맺고 있었기 때문에 쉽게 신문 발행 허가를 받을 수 있었다. 즉 『시사신문』은 일제가 친일여론을 조성하기 위해 허용한 것이었다. 총독부는 나머지 친일단체나 개인 중 누구에게 신문 발행을 허가할지 고민했다. 『조선일보』를 대정친목회에 허가한 것은 자치파를 위한 조치라기보다는 친일 귀족과 경제인에 대한 배려에 가까웠다. 국민협회가 신세대 친일파 조선인으로 구성된 정치단체로 동화파로서의 명확한 정치적 입장을 표방했지만, 대정친목회는 친일 귀족이나 경제인이 주축을 이룬 사교기관으로 명확한 정치적 주장을 하지는 않았다.

하지만 3개의 신문을 모두 친일세력에게 허용할 수는 없었다. 총독부는 한 개 정도를 민족주의 세력에게 허가해 주고자, 신문 발행을 시도하던 다양한 인물들이 모두 모여 하나의 신문을 신청하도록 했다. 3·1운동으로 감옥에 갔거나 해외로 망명한 인물들은 당연히 참여할 수 없었을

테니, 신문 발행에 참여한 사람들은 모두 적극적 저항세력이라고 보기는 어려웠다. 『동아일보』는 이상협의 이름과 김성수의 자금 지원으로 창간될 수 있었다. 총독부는 『동아일보』의 창간을 허용하면서 민족주의 세력에게도 신문 발행을 허용했다는 홍보 효과를 누리면서 동시에 신문을 조선인 사이의 민심을 파악하기 위한 수단으로 활용하려 했다.

총독부는 1920년 신문지법에 따라 조선인에게 『동아일보』, 『조선일보』, 『시사신문』 등 3개의 일간신문을 허가한 이후, 일간신문 발행을 더 이상 허용하지 않았다. 총독부가 조선인 발행 신문을 '문화정치의 상징'과 같은 존재로서 가치를 인정했기 때문에 탄압을 강화하면서도 섣불리 폐간하지는 않았고, '3개의 조선인 발행 신문'의 구조를 오랫동안 유지했다. 1921년 2월에 국민협회 대표로서 사장을 맡고 있던 민원식이 죽고 『시사신문』이 폐간된 이후에 한동안 조선인 발행 일간신문은 2개만 남았다. 1924년에 『시대일보』가 창간된 이후, 한 신문이 폐간되면 다시 새로운 신문이 창간되어 『중외일보』, 『중앙일보』, 『조선중앙일보』로 이어졌다. 이렇게 1936년 9월까지 전체적으로는 계속 3개의 조선인 발행 일간신문이 존재했다.

『시대일보』, 『중외일보』, 『중앙일보』는 타협적이거나 친일적인 세력에 의해 창간되었다. 타협적 태도를 보이던 최남선은 『매일신보』 사장을 지낸 아베 미쓰이에(阿部充家)의 도움으로 이미 잡지 『동명』을 발행하고 있었는데, 잡지 대신 새로 일간신문 창간을 추진했다. 최남선은 이번에도 아베에게 부탁했고, 아베는 사이토 마코토(齋藤實) 총독에게 최남선의 신문 발행 허가를 요청했고, 1923년 7월에는 직접 조선에 와서 총독을 면담하기도 했다. 그 결과 『시대일보』의 발행이 허가되어 1924년 3월 31일에 창간했으나, 자금 지원은 최남선이 원하는 대로 이루어지지 않았다. 최남선은 재정 지원을 받지 못해 처음부터 경영상 큰 어려움을 겪었고, 결국 홍명희에게 『시대일보』 발행권을 넘겼다. 그러나 이후에도 『시대일보』는 경영난으로 계속 어려움을 겪다가 1926년 8월 결국 발행이 중단되었다.

『시대일보』의 발행이 중단된 이후, 여러 사람이 판권을 인수해 새로 신문을 발행하려고 시도했다. 특히 『매일신보』와 『조선일보』에서 근무했던 이상협은 『시대일보』의 발행이 중단되자 그 기회를 활용해 기민하게 활동하며 『중외일보』를 창간하려고 했다. 당시 총독부 경무국장이던 미쓰야 미야마쓰(三矢宮松)가 이를 알고 이상협에게 발행을 허가해 주었다. 이상협은 1926년 9월 18일 『시대일보』의 판권을 인수해 11월 15일에 『중외일보』를 창간했다. 최남선에 이어 이상협과 같은 타협적인 인물에게 신문 발행을 허가한 것은, 총독부가 굳이 적극적인 친일세력에게만 신문 발행을 허가하려고 하지는 않았지만, 그렇다고 민족주의 세력에게 신문이 넘어가는 것을 원하지도 않았기 때문이었다. 역시 이상협에게도 신문 발행을 허가했지만 재정 지원은 하지 않아 『중외일보』도 큰 어려움을 겪었고, 1931년 6월 19일 마지막 호를 발행한 뒤 자진 휴간한 끝에 폐간되고 말았다.

『중외일보』의 폐간 이후, 다시 여러 세력이 신문 발행을 허가받기 위한 시도를 했다. 1931년 10월 14일에 노정일이 총독부로부터 발행 허가를 받아, 11월 17일 『중앙일보』를 창간했다. 『중앙일보』가 허가받는 데 주도적인 역할을 했던 사장 노정일은 최남선이나 이상협보다 더욱 친일적인 성향을 보이는 인물이었다. 그는 민족지에 맞설 신문이 필요하다고 총독부에 건의해 사이토 총독으로부터 '사상선도'의 명분으로 신문 발행을 허가받았다. 그러나 노정일도 재정 지원은 받지 못해 결국 5개월 만에 휴간했고, 윤희중과 최선익이 발행권을 인수해 1932년 10월 31일부터 『중앙일보』를 다시 발행하게 되었다.

윤희중과 최선익에 의해 새로 출범한 『중앙일보』는 기존의 『시대일보』, 『중외일보』, 노정일의 『중앙일보』와는 창간 진용의 성격부터 달랐다. 즉 타협적이거나 친일적인 인물들이 아니라 민족운동에 관여한 경력을 지닌 인물들이 창간을 주도했다. 『중앙일보』는 사장으로 여운형을 추대했고, 1933년 3월 7일 신문명을 『조선중앙일보』로 변경해 1936년 9월까지 발행했다. 『조선중앙일보』는 강력한 언론통제 속에서도 어느 정도 비판적 역할을 했으나 오래 발행할 수는 없었다. 1936년 8월 발생한 일장기 말소 사건(1936년 베를린올림픽 마라톤 우승자 손기정의 가슴에 달린 일장기를 지워서 기사를 내보낸 사건)으로 자진 휴간 끝에 폐간되고 말았다.

총독부는 경성(지금의 서울)의 조선인 발행 일간신문의 수를 3개로 제한했지만, 지방에서는 일간신문을 추가로 허용해 대구에서 『남선경제일보』가 창간되었다. 또한 주간이나 격주간 신문은 허가해 『대동신보』, 『민중신문』, 『동아경제신문』, 『기독신문』 등이 창간되기도 했다. 신문으로 발행 허가를 받았다가 잡지로 전환해 계속 발행하거나, 반대로 잡지로 허가를 받았다가 다시 신문으로 변경해 허가받은 경우도 있었다. 이러한 신문들은 대부분 친일세력에 의해 발행되었는데, 대동동지회의 『대동신보』나 국민협회의 『민중신문』이 가장 대표적이었다. 총독부는 친일 여론을 형성하고 친일세력의 활동을 지원하기 위해 이들 신문들을 허가했다.

1930년대 이후에는 새로운 신문 발행을 거의 허가하지 않았고, 『매일

〈표 1〉 신문지법에 따라 허가된 신문 명단

신문명	허가 일자	발행 주기	게재 사항	관할도	비고
매일신보	1906.2	일간	일반시사	경기	『대한매일신보』로 변경
조선일보	1920.1.6	일간	일반시사	경기	
동아일보	1920.1.6	일간	일반기사	경기	
시사신문	1920.1.6	일간	일반시사	경기	잡지 『시사평론』으로 변경
대동신보	1922.5.27	주간	일반시사	평남	잡지 『공영』의 후신
시대일보	1922.5.27	일간	일반시사	경기	잡지 『동명』의 후신
대구상보	1924.11.19	일간	일반경제시사	경북	『남선경제일보』로 변경
중외일보	1926.9.18	일간	일반시사	경기	『중앙일보』, 『조선중앙일보』의 전신
민중신문	1930.1.29	주간	일반시사	경기	잡지 『시사평론』 후신
동아경제신문	1932.4.3	월2회	경제시사·문예	경기	잡지 『동아상공시보』 후신
기독신문	1938.7.8	주간	종교시사	경기	
매일신보사진특보	1938.9.19	주3회	시사사진	경기	『매신사진순보』로 변경
국민신보	1938.12.15	주간	일반시사	경기	
매일신보 충북호외	1939.5.18	수시	일반시사	충북	
매일신보 충남호외	1939.5.18	수시	일반시사	충남	
매일신보 전북호외	1939.5.18	수시	일반시사	전북	
매일신보 전남호외	1939.5.18	수시	일반시사	전남	
매일신보 경북호외	1939.5.18	수시	일반시사	경북	
매일신보 경남호외	1939.5.18	수시	일반시사	경남	
매일신보 황해호외	1939.5.18	수시	일반시사	해주	
매일신보 평남호외	1939.5.18	수시	일반시사	평남	
매일신보 평북호외	1939.5.18	수시	일반시사	신의주	
매일신보 강원호외	1939.5.18	수시	일반시사	춘천	
매일신보 함남호외	1939.5.18	수시	일반시사	함흥	
매일신보 함북호외	1939.5.18	수시	일반시사	나남	
기독교신문	1942.1.21	주간	종교시사	경기	

신보』의 자매신문 발행만 허용했을 뿐이다. 신문지법에 따라 마지막으로 허가된 『기독교신문』의 창간에는 일제의 개입이 있었다. 총독부는 기독교의 여러 교파가 발행하던 신문·잡지 12종을 통합해 신문지법에 따른 신문 발행을 허가했다. 신문지법에 따른 매체발행 허가가 일종의 특혜였던 만큼 총독부는 이런 특혜의 대가로 당연히 친일적 언론 활동을 기대했을 것이다.

2) 잡지 발행

총독부는 1920년 1월, 조선인에게 신문지법에 따라 일간신문 3개를 허가하면서도 아직 잡지는 허가하지 않았다. 하지만 총독부는 당시에 이미 잡지에 대한 허가 계획도 가지고 있었다. 이 시기에는 천도교의 『개벽』과 최남선의 『청춘』을 비롯해 다양한 잡지들이 발행 허가를 신청했다. 최남선이 투옥 중이던 때 그의 형 최창선이 1918년 9월에 종간된 『청춘』을 신문지법에 따라 허가받기 위해 신청했으나 받아들여지지 않았다. 『개벽』은 1920년 5월 22일 신문지법에 따라 최초로 허가된 잡지였다. 그러나 『개벽』은 신문지법에 규정된 보증금 300원의 납부를 허용받지 못해 정치·시사에 관한 기사는 게재할 수 없었다. 비록 정치·시사 기사를 게재할 수 없었지만, 신문지법에 따른 허가를 받음으로써 『개벽』은 적어도 사전에 원고 검열은 받지 않아도 되었다.

총독부는 1921년 2월, 친일 유생(儒生) 단체인 유도(儒道)진흥회에게 신문지법에 따른 잡지 『유도』의 창간을 허용했다. 이 잡지는 1925년 1월까지 발행되었고, 이후 이를 이어 『신민』이 발행되었다. 최남선은 『매일신보』 사장이었던 아베 미쓰이에의 도움으로 1921년 10월 18일에 가출옥한 뒤 잡지를 발행하고자 했다. 아베가 직접 나서 총독부를 설득해 1922년 5월 27일 신문지법에 따른 잡지 『동명』을 허가받을 수 있었다.

1922년 5월 27일에 『동명』과 함께 신문지법에 따라 『공영』이 허가를 받았다. 『공영』은 평양에서 창립된 친일단체 대동동지회에서 창간한 잡지였다. 대동동지회는 1920년 10월 26일에 창립되었고, 회장 선우순은 사이토 총독과 수시로 만날 정도의 대표적인 친일파였다. 대동동지회는 1921년부터 계속 잡지 발행을 시도하다가 1922년 5월 22일 신문지법에 따른 잡지 발행 허가를 받았다. 1920년 신문 발행을 시도했던 선우순이 신문지법에 따른 잡지 발행으로 방향을 바꾸었던 것이다. 『공영』은 1923년 6월까지 10호를 발행했으며, 같은 해 9월 17일부터는 주간신문 『대동신보』로 변경해 계속 발행했다.

국민협회는 민원식의 죽음으로 1921년 3월에 휴간했던 『시사신문』을 복간하지 못하고, 그 판권으로 1922년 4월에 잡지 『시사평론』을 창간해 1928년 1월까지 발행했다. 1930년 2월 1일에는 이 판권을 이용해 다시 일간 『민중신문』을 창간했고, 1934년 무렵에는 주간으로 변경해 1930년대 말까지 계속 발행했다. 친일단체인 대동동지회의 『공영』과 국민협회의 『시사평론』이 신문지법에 따른 판권을 가지고 신문으로 바꾸어 계속 발행되었다는 사실은 총독부가 친일세력의 언론 활동을 지속적으로 지원했음을 잘 보여준다.

총독부는 신문지법에 따른 잡지 허가 청원이 계속 접수되었지만 신규 허가를 하지 않다가 1922년 9월 12일에 『개벽』, 『신생활』, 『신천지』, 『조선지광』 등 네 종의 잡지를 허가했다. 허가를 신청한 매체가 60여 종이었다고 하니, 그중에서 선택된 이 잡지들은 매우 높은 경쟁률을 뚫고 허가받은 것이었다. 『개벽』, 『신생활』, 『신천지』는 이미 발행 중이던 잡지였는데, 그중에서도 『개벽』은 이미 신문지법으로 허가를 받은 적이 있었다. 다만 당시에는 보증금 300원 납부가 허용되지 않아 정치·시사 문제를 다룰 수 없었으나 이번에 다른 잡지들이 허가받을 때 『개벽』도 보증금 300원 납부가 허용되어 비로소 정치·시사 기사를 게재할 수 있게 되었다. 이는 총독부가 『유도』, 『동명』, 『공영』, 『시사평론』 등 친일적이거나 타협적인 세력이 발행하는 잡지만으로는 문화정치 실시를 주장하기 어렵다고 판단했기 때문이었다.

그러나 『신생활』과 『신천지』는 게재한 글이 문제가 되어 신문지법으로 허가받은 지 불과 4개월과 1년 8개월 만에 폐간되었다. 이어 1926년 8월에는 여러 번 정간을 당하던 『개벽』도 결국 폐간되었다. 총독부는 『개벽』 폐간 이후인 1927년 1월 10일 『현대평론』 허가를 끝으로 신문지법에 따른 정치·시사 잡지의 창간을 더 이상 허용하지 않았다. 문화정치의 상징처럼 여겨지던 신문지법으로 허가한 잡지들의 소멸은 총독부의 언론통제가 더욱 강화되었음을 보여주는 명백한 증거 중 하나였다. 『현대평론』조차 1년 만인 1928년 1월에 폐간되어 신문지법에 따른 정치·시사 잡지로는 『조선지광』 하나만 남았을 뿐이다.

'단행본의 계속 출판'이라는 방식으로 발행되던 잡지들은 원고의 사전 검열을 받아야 했고, 원칙적으로 정치·시사를 다룰 수 없었기 때문에 신문지법에 따른 허가가 절실했다. 그러나 총독부는 1920년대 말 이후 신문지법으로 정치·시사를 다룰 수 있는 종합잡지의 발행을 단 하나도 허가하지 않았다. 다만 총독부는 1932년 4월에 신문지법으로 『동아상공시보』(월 2회), 『조선실업구락부』(월간), 『내외고무정보』(월간), 『제생월보』(월간) 등 네 종의 특수잡지만을 허가했다. 신문지법으로 허가된 종합잡지 중 유일했던 『조선지광』마저 휴간 끝에 1932년 7월 14일 발행권이 취소되면서 이후에는 신문지법에 따라 허가되어 정치·시사를 다룰 수 있는 조선인 발행 종합잡지는 단 한 종도 남지 않게 되었다.

〈표 2〉 신문지법에 따라 허가된 잡지 명단

잡지명	인가 일자	발행 주기	게재 사항	관할도	비고
중외의약신보	1908.8.25	월간	의업 관련 기사	경기	
천도교회월보	1910.8.15	월간	종교기사	경기	
시사평론	1920.1.6	월간	일반시사	경기	『시사신문』의 후신, 『민중신문』으로 변경
개 벽	1920.5.22	월간	일반기사	경기	
유도(儒道)	1921.1.29	월간	사회교화기사	경기	『신민』, 『진흥』으로 변경
동명	1922.5.27	월간	일반시사	경기	
공영	1922.5.27	월간	일반시사	평남	『대동신보』로 변경
신생활	1922.9.12	주간	일반시사		
신천지	1922.9.12	월간	일반시사	경기	
조선지광	1922.9.12	월간	일반시사	경기	
현대평론	1927.1.10	월간	일반시사	경기	
동아상공시보	1932.4.3	월2회	경제시사문예	경기	『동아경제신문』으로 변경
조선실업구락부	1932.4.3	월간	경제시사	경기	
내외고무정보	1932.4.3	월간	고무공업에 관한 기사 및 광고	경기	
제생(濟生)월보	1932.4.3	월간	의약 관련 기사	경기	『의약시보』로 변경
조광	1940.10.25	월간	일반시사	경기	

총독부는 1932년에 특수잡지 네 종을 허가한 이후, 1930년대 내내 신문지법으로 단 하나의 잡지도 허가하지 않았다. 『삼천리』를 발행하던 김동환도 1930년대 초부터 계속 신문지법에 따른 허가를 받으려고 시도했으나 끝내 성공하지 못했다. 그러던 중 1940년대에 들어 경무국 도서과가 신문지법으로 다시 허가해 준 유일한 잡지가 조선일보사의 『조광』이었다. 조선일보사는 『조선일보』가 폐간되는 상황에서도 『조광』은 살리며 굳이 신문지법으로 허가를 받으려고 했다. 1930년대 이후 총독부가 정치나 시사 문제를 다룰 수 있는 잡지를 단 하나도 신문지법으로 허가해 준 적이 없었기 때문에 그만큼 『조광』의 허가는 대단히 이례적인 일이었고 커다란 특혜였다.

3) 경성방송국 설립 허가

1924년 2월부터 조선총독부 체신국은 방송에 관한 조사와 연구를 하겠다는 계획을 세웠다. 이 연구를 위해 체신국 감리과 사무관과 공무과 기수(技手)를 일본에 파견하고, 방송 장비를 외국에서 주문했다. 이런 준비를 통해 1924년 11월 초 체신국에 무선실험실이 설치되고, 시험방송이 시작되었다. 1924년 12월에는 조선일보사가 '무선전화방송' 공개실험을 실시해 대중의 큰 관심을 끌었다.

1924년 말부터 방송사업에 참여하려는 다양한 기업이나 단체들이 체신국에 신청하기 시작했다. 체신국은 1925년 3월에 '방송무선전화 출원자' 12명을 상대로 협의회를 개최했고, 1년여의 준비 끝에 1926년 2월 15일

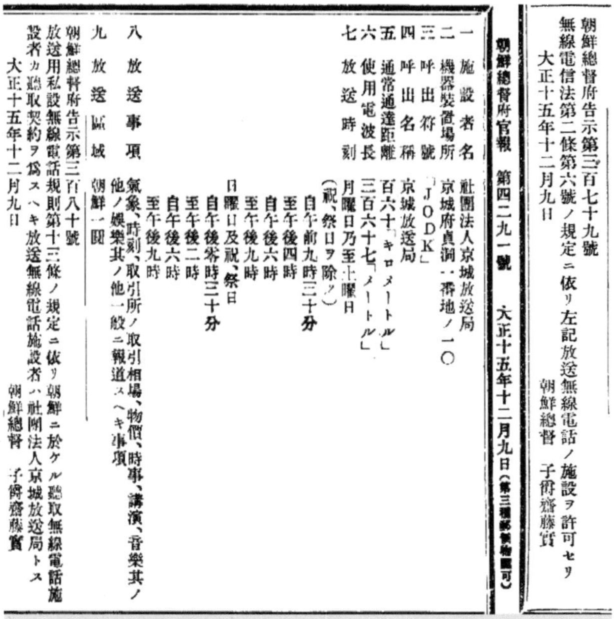

朝鮮總督府告示第三百七十九號
無線電信法第二條第六號ノ規定ニ依リ左記放送無線電話ノ施設ヲ許可セリ
大正十五年十二月九日
朝鮮總督 子爵齋藤實

朝鮮總督府官報 第四二九一號 大正十五年十二月九日 (第三種郵便物認可)

一 施設者名 社團法人京城放送局
二 機器裝置場所 京城府貞洞一番地ノ一〇
三 呼出符號 「JODK」
四 呼出名稱 京城放送局
五 通常通達距離 百六十「キロメートル」
六 使用電波長 三百六十七「メートル」
七 放送時刻 月曜日乃至土曜日
(祝、祭日ヲ除ク)
自午前九時三十分
至午後四時
自午後六時
至午後九時
日曜日及祝、祭日
自午後零時三十分
至午後二時
自午後六時
至午後九時
八 放送事項 氣象、時刻、取引所ノ取引相場、物價、時事、講演、音樂其ノ他ノ娛樂其ノ他一般ニ報道スヘキ事項
九 放送區域 朝鮮一圓

朝鮮總督府告示第三百八十號
放送用私設無線電話規則第十三條ノ規定ニ依リ朝鮮ニ於ケル聽取無線電話施設者カ聽取契約ヲ爲スヘキ放送無線電話施設者ハ社團法人京城放送局トス
大正十五年十二月九日
朝鮮總督 子爵齋藤實

〈그림 1〉 사단법인 경성방송국 허가

출처: 『조선총독부관보』 제4291호(1926.12.9)

경성방송국 발기인대회를 개최했다. 경성방송국 발기인대회에는 발기인 40여 명을 비롯해 체신국장 이하 관계 당국자와 기자 20여 명이 참석했다. 발기인대회에서는 사단법인으로 출범하기로 결정하고 경성방송국 개국 준비를 계속 진행하여 1926년 11월 30일에 사단법인 경성방송국이 설립되었다. 12월 9일에는 조선총독부 고시 제379호로 방송무선전화 시설의 허가를 받았으며, 이틀 뒤 12월 11일에는 경성지방법원에 사단법인 등기를 마쳤다.

〈그림 1〉의 관보 내용을 보면 조선총독부 고시 제379호에는 "무선전신법 제2조 제6호의 규정에 따라 방송무선전화의 시설을 허가한다"고 명시

되어 있으며, 호출부호는 'JODK', 호출명칭은 '경성방송국'으로 기재되어 있다. 또한 조선총독부 고시 제380호로 방송용사설무선전화규칙 제13조에 따라 조선에서 '청취무선전화시설자'는 '방송무선전화시설자'인 사단법인 경성방송국과 청취계약을 해야 한다고 규정했다. 즉 수신기를 가진 사람은 경성방송국과 계약을 맺어야만 방송을 청취할 수 있었다.

일제는 식민지 지배에 방송을 활용할 필요가 있다고 판단했다. 총독부가 방송국 설립을 직접 주도했고, 허가 실무는 체신국이 담당했다. 신문이나 잡지 발행의 허가 실무를 경무국이 담당했던 것과 달리 방송국 설립 허가 실무는 체신국이 담당했던 것이다. 경성방송국은 형식적으로는 사단법인이었지만, 내용적으로 총독부 체신국이 운영했던 사실상의 국영방송이었다. 경성방송국의 사단법인 설립 과정에는 일본인이 조선인보다 더 높은 비율로 참여했다. 설립 당시 등기부에 등재된 이사는 일본인이 8명이었고, 조선인은 이용문, 방태영, 김한규 3명뿐이었다. 이사 구성이나 사단법인에 자본을 출자한 사원 구성에서도 일본인 비율이 훨씬 높았지만, 조선인도 일부 참여하고 있었다. 경성방송국에 이사나 사원으로 참여한 조선인들이 일제 협력 세력이었다는 점은 두말할 필요도 없었다. 총독부는 이사진이나 출자사원 중에 조선인을 참여시킴으로써 방송국이 단순히 일본인들만을 위한 기관이 아니라는 점을 보여주고자 했다.

3

신문·잡지 검열과 방송 감청

1) 신문·잡지 검열

일제는 언론통제의 근거가 되는 법을 만들고 통제 가능한 매체들만 허가해 주고도 그런 매체들의 내용까지 철저히 검열해 식민지 지배에 조금이라도 위협이 될 만한 내용을 찾아내 제재를 가했다. 검열 방법이나 수위는 시기에 따라 조금씩 바뀌었지만, 검열을 통해 언론을 통제한다는 기본 방침은 식민지 지배 기간 내내 일관되게 유지되었다. 특히 경찰이 지속적으로 검열 업무를 담당했다는 사실은, 언론통제가 사상통제의 일환이었음을 보여준다. 이렇듯 신문이나 잡지 등 출판물의 검열과 통제 업무를 담당했던 경찰 행정을 '출판경찰'이라고 불렀다.

일제강점기 초기의 검열기구는 헌병경찰이었던 경무총감부 고등경찰과(1910~1919)였다. 헌병과 경무총감부로 이원화되어 있던 경찰제도가 강점 이후 헌병경찰 제도로 일원화되어 3·1운동 시기까지 계속되었다. 고등경찰과는 기밀계와 도서계로 구성되었으며, 도서계는 일본인 6명 정도의 소규모 인력으로 유지되었다. 『매일신보』 외에는 조선어 매체가 거의 없어 조선인 검열관의 필요성이 크지 않았기 때문이다. 헌병경찰 제도를 통해 엄격한 검열이 이루어졌고, 그 대상은 주로 일본인 발행 신문들이었다.

3·1운동이 일어나면서 일제는 무단통치가 아니라 문화정치를 실시하겠다며 헌병경찰 제도를 폐지하고 보통경찰 제도를 시행한다고 밝혔다. 이런 정책 변화에 따라 경무총감부가 경무국으로 재편되었고, 경무총감부 고등경찰과가 담당하던 검열 업무도 경무국 고등경찰과가 담당하게 되었다. 1919년 8월 20일 개정된 조선총독부 사무분장 규정 제11조에서는 경무국에 경무과·고등경찰과·보안과·위생과를 두고, 고등경찰과는 ① 고등경찰에 관한 사항, ② 신문·잡지, 출판물 및 저작물에 관한 사항 등의 업무를 관장한다고 규정했다. 이로써 1919년부터 검열 업무는 경무국 고등경찰과가 맡게 되었다.

경무총감부 고등경찰과(1910~1919), 경무국 고등경찰과(1919~1926)를 거쳐 1926년에는 경무국에 도서과(1926~1943)가 등장해 검열 업무를 담당하게 되었다. 1926년 4월 24일 조선총독부 사무분장 규정을 개정해 경무국에 경무과·보안과·도서과·위생과를 두기로 하고, 고등경찰과 업무는 보안과로 넘기며 도서과는 별도로 분리했다. 총독부가 경무국에서 도서과를 분리해 신설한 것은 그만큼 검열 업무량이 늘고 전문성이 요구되었기 때문이다. 출판경찰의 핵심 조직인 경무국 도서과는 조선 내의 신문·잡지·단행본 등의 모든 출판물과 영화·음반 및 그림의 출판과 발행·발매·반포를 전반적으로 관장했다. 즉 방송을 제외한 나머지 모든 매체의

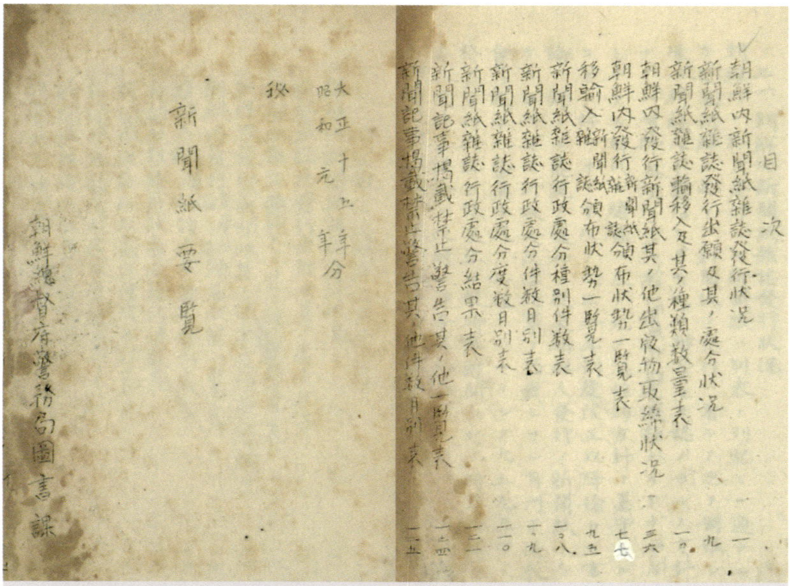

秘

大正十五年分
昭和元年分

新聞紙要覧

朝鮮總督府警務局圖書課

目次

朝鮮内新聞紙雜誌發行状況 一
新聞紙雜誌發行出願及其ノ處分状況 一九
新聞紙雜誌輸移入及其ノ種類數量表 一〇
朝鮮内發行新聞紙其ノ他出版物取締状況 三六
朝鮮内發行新聞紙雜誌頒布状勢一覧表 七七
移輸入新聞紙雜誌頒布状勢一覧表 九三
新聞紙雜誌行政處分種別件數表 一〇八
新聞紙雜誌行政處分件數日別表 一〇九
新聞紙雜誌行政處分度數日別表 一一〇
新聞紙雜誌行政處分結果表 一一二
新聞記事掲載禁止警告其ノ他一覧表 一二四
新聞記事掲載禁止警告其ノ他件數日別表 一二五

〈그림 2〉『신문지요람』(1926)의 속표지와 목차

출처: 국사편찬위원회 전자사료관

통제 업무를 담당했다. 경무국은 1925년부터 연감 형식으로『신문지요람(新聞紙要覽)』(1925, 1926),『신문지출판물요항(新聞紙出版物要項)』(1927),『조선의 출판물 개요(朝鮮に於ける出版物概要)』(1928~1932),『조선출판경찰개요(朝鮮出版警察概要)』(1933~1941)를 간행했다. 〈그림 2〉처럼 이러한 자료들은 언론에 대한 허가와 검열 결과를 정리한 것으로, 일제의 언론통제가 매우 체계적이었음을 잘 보여준다.

신문이나 잡지의 내용을 검토해 불온기사를 찾아내고 처분방식을 결정하는 검열관에는 일본인뿐 아니라 조선인도 있었다. 검열 책임자들은 당연히 일본인이었고, 조선어 매체의 검열 실무자 중에도 일본인이 포함되어 있었다. 조선인 발행 매체의 내용을 읽으려면 어학 능력이 필요했기 때문에 조선어 매체의 검열을 담당한 일본인들은 대부분 통역관이었다. 1910년대 초 경무국 고등경찰과 도서계에는 일본인 6명만 있었으므로, 기밀계에 근무하던 일본인 통역관이나 조선인들이 검열 업무에 도움을 주었다. 이후에는 일본인 통역관이나 통역생 등 통역 업무 담당자들이 도서계에 정식으로 근무하며 검열 업무에 참여했다.

1920년대 이후 고등경찰과(1919~1926)와 도서과(1926~1943)에는 일본인과 조선인을 포함해 20명에서 30명 정도가 근무했다. 도서과에 근무하는 직원은 서기관에 해당하는 과장과 그를 보좌하는 사무관과 통역관이 있었으며, 정식 직원으로 속(屬)과 통역생, 기수가 있고, 계약직인 촉탁(囑託)과 기간제로 고용한 고원(雇員)도 있었다. 이들은 연공서열에 따라 승진하고 월급이 오르기도 했는데, 촉탁은 수년간 근무한 뒤 속으로 신분이 바뀌어 정규직이 되기도 했다. 고원도 시간이 지나 촉탁이나 속으로 신분이 변경되기도 했다.

일본인 검열관은 일본어 신문·잡지와 출판물, 조선어 신문·잡지를 검열했고, 조선인 검열관은 조선어 단행본의 검열만 담당했다. 사회적 영향력이 큰 조선어 신문과 잡지는 일본인이, 상대적으로 영향력이 적지만 업무량이 많은 조선어 단행본은 조선인이 맡았던 셈이다. 특히 조선어 신문과 잡지의 검열은 주로 조선어 해독 능력이 있는 일본인 통역관이나 통역생들이 담당했다.

조선어 실력을 갖춘 통역관과 통역생들이 조선어 신문과 잡지를 검열했더라도 조선인 검열 보조원의 도움이 필요했다. 신문은 수가 적지만 영향력은 커서 일본인 검열관이 모두 직접 검열했다. 하지만 잡지는 종류가 너무 많아 일본인 검열관이 전부 직접 검열하지 못했을 가능성이 크다. 『개벽』처럼 중요한 잡지는 일본인 검열관이 직접 검열했고, 나머지 잡지들은 조선인 검열 보조관이 일차 예비검열을 한 뒤 일본인 검열관이 본검열을 수행했다.

중일전쟁이 벌어지고 군부의 영향력이 커지면서 '조선 주둔 일본군'(이하 조선군) 사령부 보도부가 만들어져 검열과 선전 업무 전반에 관여하기 시작했다. 특히 경무국 도서과의 검열 업무에 대한 조선군 사령부 보도부가 간섭하는 사례도 있었다. 1940년 1월에는 경무국 도서과에서 검열해 문제없이 통과된 『매일신보』 기사를 조선군 사령부 보도부에서 다시 문제 삼는 일도 벌어졌다.

1943년 12월 1일에 조선총독부 사무분장 규정을 개정해 경무국에 경무과·경비과·경제경찰과·보안과·위생과를 두기로 했다. 도서과는 없어지고 보안과가 그 업무를 맡았다. 사무분장 개정을 통해 경무국 보안과에 기존의 도서과 업무를 모두 통합한 것인데, 통폐합과 폐간조치로 매체 수가 크게 줄었기 때문이었다. 1945년 4월 17일에는 다시 조선총독부 사무분장 규정을 개정해 경무국에 경무과·경비과·경제경찰과·보안과·검열과·위생과를 두었다. 이는 보안과에서 검열 업무를 다시 분리한 것이었다.

검열관들이 매체의 내용 중 어떤 부분을 걸러내고 처벌할지를 판단하는 기준의 출발점은 신문지법 제26조의 '사회 질서 또는 풍속을 어지럽히는 사항'이거나 출판법 제12조의 '사회 안녕과 질서를 방해하거나 풍속을 어지럽히는 사항'이었다. 즉 검열 기준의 핵심은 '치안방해'와 '풍기문란' 두 가지였다. 그러나 이러한 법령의 문구는 매우 모호하고 포괄적이어서, 검열 분야에 따라 다르게 적용되거나 검열관의 재량에 따라 판단이 달라지기 쉬웠다.

일제는 강점 이후 구체적인 검열 기준을 만들려고 했다. 1917년에는 '내훈 갑2호'로 검열 표준을 만들었고, 1925년에는 경무국 고등경찰과장이 조선어 신문의 '차압 사항'이라는 이름으로 검열 기준을 제시했다. 총독부 경무국이 『출판경찰연보』로 발간한 『신문지요람』 1926년판에는 '조선어 신문·잡지에 게재된 불온기사의 사례'라는 이름으로 5항 14목의 기준이 제시되어 있고, 불온기사의 사례들이 항목에 따라 정리되어 있다. '검열당한 사례를 나열하는 열거주의 방식'으로 되어 있는 경무국 자료는 이후에도 한동안 같은 방식으로 검열 기준을 제시했다. 다만 1926년에 5항 14목이었다면, 1927년 이후에는 19항 30목으로 되었다. 19항만을 정리하면 아래와 같다.

1. 황실의 존엄을 모독하는 기사
2. 국가의 법질서를 침해하는 기사
3. 국제 친선을 저해하는 기사
4. 비공개 관청의 문서나 회의의 의사에 관한 기사
5. 공판전 예심에 관한 사항이나 방청 금지된 재판에 관한 기사
6. 형사피고인, 범죄인 또는 범죄 선동 우려가 있는 기사
7. 일본제국을 모욕하거나 저주하는 기사
8. 국가에 대한 의무를 부인하는 기사
9. 조선 통치를 부인하는 기사
10. 조선 통치를 방해하는 기사
11. 사유재산제도를 부인하는 기사

12. 계급투쟁, 기타 분쟁을 선동하는 기사
13. 시사에 관한 근거 없는 풍설을 유포하여 인심을 어지럽히거나 동요시키는 기사
14. 경제 혼란을 야기하거나 인심의 불안을 가져올 우려가 있는 기사
15. 사람을 비방할 목적의 허위사항 기사
16. 외설, 문란, 잔인 기타 풍속을 해칠 기사
17. 군사외교 및 비밀을 요하는 게재금지기사
18. 복자(伏字) ○자 ×자를 사용하더라도 본 표본의 각 항에 해당된다고 인정되는 기사
19. 그림으로서 전기 각항에 해당되는 것

19항 중 16번만이 풍속을 어지럽히는 사항에 관한 내용이고, 나머지는 전체적으로 치안을 방해하는 사항에 관한 것이었다. 일제의 지배를 부정하고 독립을 추구하는 내용(1, 2, 3, 7, 8, 9, 10)이나 사회주의 사상을 유포하거나 계급투쟁을 선동하는 내용(11, 12)이 가장 중요한 검열 기준이었다는 사실이 잘 드러난다. 나머지는 기밀을 누설하거나 유언비어를 유포하는 내용(4, 5, 6, 13, 14, 15, 17)을 규제하겠다는 것이었다. 18번은 매체들이 미리 ○자, ×자로 표시해 검열을 우회하며 숨겨진 의미를 전달하려는 전략을 규제하기 위한 것이었다. 이런 19항의 열거주의적 검열 기준은 1930년까지 계속 제시되었다.

1936년에는 사례가 아니라 근거나 기준을 제시하는 '표준주의'에 의한 검열 기준이 만들어졌다. 과거 '열거주의'로 정리했던 검열 기준과 달라진 점은 외국의 상황을 빗댄 기사들의 문제, 복자 표시, 그림에 대한 별도

규정이 사라졌다는 것이다. 반면 '황실의 존엄' 외에 신궁, 국기 모독 등에 관한 다양한 내용과 군 관련 항목이 추가되었다. 물론 민족주의나 사회주의 사상과 실천에 대한 규제는 그대로 유지되었다. 1939년의 '편집에 관한 희망 및 그 주의사항'은 민족말살정책을 구체적으로 담고 있었다. 세부 내용을 빼고 항목만 제시하면 아래와 같다.

1. 황실의 존엄을 모독할 염려가 있는 기사와 사진을 일절 취급하지 말 것. 기사와 사진을 취급할 때는 극히 정중하게 취급하며 더욱이 문자에 오식(誤植)이 없도록 할 것.
2. 왕공족(王公族)에 관한 기사
3. 조선 통치 정신에 배반되는 기사 ① 역사에 대하여 ② 연호
4. 총독 퇴진에 관한 기사는 조선 통치에 미치는 영향이 큰 만큼 함부로 취급하지 말 것.
5. 내선일체 및 내선융화에 관한 기사는 그 예가 적은 것이 유감이다. 이후로는 단지 형식적으로 흐르지 말고 성의를 가지고 이러한 종류의 선량한 기사를 취급할 것.
6. 내선관계 문자의 사용에 있어서 일본내지 · 일본내지인 · 동경유학생 등 마치 일본을 외국처럼 취급하는 경향이 있으나 이는 온당치 않으므로 주의할 것.
7. 총독부의 일본어 장려에 순응하여 이후 될 수 있는 대로 일본어 기사를 다수 취급할 것.
8. 사회주의 또는 민족주의자로서 운동 중에 지은 글은 전향 후에도 출판하지 말 것.

과거의 검열 기준이 민족운동이나 사회주의 활동에 관한 보도를 금지하는 데 중점을 두었다면 '편집에 관한 희망 및 주의사항'은 내선일체(內鮮一體)를 위한 보도의 요구 사항에 가까웠다. 즉 조선과 일본은 하나라는 명분을 내세우며 민족말살정책을 실시하는 데 언론이 앞장서야 한다는 것이었다. 이미 언론이 과거처럼 민족운동이나 사회주의 활동에 관해 보도할 수 없던 상황에서 총독부는 조선의 역사 등을 통해 민족정신을 고취하려고 하거나 일본을 여전히 타자처럼 보도하는 것을 금지하고 내선일체를 위한 보도를 강요했다.

일제강점기의 검열관들은 위와 같은 검열 기준을 바탕으로 모든 매체를 검열했다. 검열은 '원고 검열, 교정쇄 검열, 납본 검열(인쇄 후 유통 전 검열), 유통 후 검열'로 구분할 수 있었다. 교정쇄 검열이란 조판까지만 한 교정쇄를 제출해 검열을 받는 것이고, 납본 검열은 모든 부수를 인쇄한 뒤 그 중 일부를 제출해 검열을 받는 것을 의미했다. 신문지법에 따라 허가를 받은 신문은 납본 검열을 받아야 했지만, 실제로는 교정쇄 검열과 납본 검열의 중간쯤인 검열방식을 활용했다. 윤전기로 처음 인쇄된 신문을 보내 검열을 받고 그 결과를 반영해 나머지 부수를 인쇄하는 방식이었다. 이는 신속성을 확보하면서도 손실을 최소화하기 위한 불가피한 선택이었다. 신문은 신문지법에 따라 납본 검열을 받게 되어 있지만, 모든 신문을 인쇄한 후에 삭제나 압수를 당하면 큰 손실이 발생할 수 있다는 점을 고려한 선택이었다. 즉 신문사 입장에서는 일부 삭제 통보를 받을 경우 인쇄를 멈추고 문제가 된 부분만 삭제해 비교적 쉽게 신문을 발행할 수 있었지만, 삭제 분량이 많거나 압수를 당하면 큰 손실을 감수할 수밖에 없었기 때문이다.

신문지법에 따라 허가된 잡지는 원칙적으로 신문과 마찬가지로 납본 검열을 받도록 되어 있었다. 신문은 신속성 때문에 조판 이후 모든 과정을 끝내고 처음 인쇄한 신문을 제출해 검열을 받았던 반면에 신문지법으로 허가받은 잡지는 아예 조판까지만 마치고 교정쇄를 제출해 검열을 받았다. 신문과 마찬가지로 당연히 검열 결과가 나쁠 경우 발생할 경제적 손실을 방지하기 위한 조치였다.

출판법에 근거해 발행되는 계속출판물(잡지)과 보통출판물(단행본)은 원고 검열을 받아야 했다. 즉 단행본을 계속 출판하는 형식으로 발행하던 잡지들은 사전에 원고 검열을 받아야 했고, 발행한 이후에 다시 납본 검열도 받아야 했다. 이 과정을 거친 서적에 일제에 비판적 내용이 담길 가능성은 거의 없었다.

2) 방송원고 검열과 감청

1927년 2월 16일 경성방송국이 첫 방송을 할 때부터 경무국 보안과와 체신국 감리과가 방송 내용을 통제했다. 경무국 보안과는 방송원고를 사전에 검열했고, 체신국 감리과는 검열된 원고대로 방송되는지를 감시했다. 조선에서는 방송도 신문이나 잡지처럼 사상통제 차원에서 경무국이 통제에 관여했다. 경성방송국 개국 초기에는 하나의 채널로 일본어와 조선어를 교대로 방송했다. 1933년 4월 26일에 일본어 채널과 조선어 채널을 분리하면서 총독부는 방송국·경무국·체신국 사이에 전용 전화회선을 설치해 긴밀하게 소통하며 더욱 강력하게 통제하겠다고 밝혔다.

1934년 9월 28일 조선총독부 체신국 사무분장규정 세칙이 개정되면서 10월 1일부터 체신국 감리과에 새로 '방송감독계'가 설치되었다. 체신국 감리과는 방송 내용에 대한 통제를 계속해 왔지만, 별도의 조직을 두지는 않다가 통제의 필요성이 커지면서 방송감독계를 설치한 것이다. 러시아와 중국에서 들려오는 선전방송에 대해서도 통제할 필요가 더 커지자, 경무국 보안과에 담당 직원을 늘렸다.

사전 검열한 원고 내용대로 제대로 방송하는지를 감시하기 위한 감청제도도 시행되었다. 원래 방송국 직원들이 교대로 감청 업무를 담당하며 체신국에서 연락이 오면 바로 문제가 되는 방송을 차단해야 했다. 그러나 직원이 자리를 비운 사이 연락이 와 제대로 중단하지 못하는 일이 벌어졌다. 1934년, 체신국 감리과에 방송감독계가 설치될 무렵부터는 아예 방송국에 체신국에서 소속을 바꾼 직원이 상주하며 감청하는 체제로 바뀌었다. 즉 1934년부터 체신국 감리과 방송감독계는 경성방송국에 감청원을 상주시키고 방송차단기를 설치하며 방송감청제도를 본격적으로 실시했다. 감청원은 모든 방송을 모니터하다가 불온한 내용이나 선전 혹은 외설적인 방송이 나오면 무조건 전파차단기로 해당 부분을 차단했다.

감청 직원이 차단한 내용은 사회의 안녕과 질서를 해치는 것은 거의 없었고, 대부분이 풍기문란으로 문제가 된 것들이었다. 간혹 사전 검열된 원고대로 방송하지 않아 차단기가 내려지고 출연자가 간단한 처벌을 받은 일도 있었다. 애초에 방송원고를 사전 검열하고, 방송 중에도 감청으로 차단까지 했기 때문에 방송 내용으로 인해 행정처분이나 사법처분을 받는 일은 없었다. 신문과 달리 방송은 처음부터 철저하게 원고 검열을 하고, 방송 내용까지 듣다가 문제가 될 만하면 차단했기 때문에 애초에 처벌을 받을 만한 일이 아예 발생하지 않았다.

1940년 5월 6일 경무국 도서과장과 체신국의 감리과장, 사무관, 검열계들이 모여 검열사무에 관한 간담회를 열었다. 기존에 방송원고는 경무국의 보안과에서 검열했고, 방송국에 대한 행정적인 감독은 체신국이 담당했다. 신문과 잡지는 경무국 도서과에서 검열했다. 방송원고 검열기관인 경무국 보안과와 신문·잡지 검열기관인 경무국 도서과의 검열 기준이 달라 신문과 잡지에 금지된 사항이 방송되거나, 그 반대의 경우도 있었다. 이에 검열 업무를 일원화해 신문·잡지·방송 원고를 모두 경무국 도서과에서 검열하기로 합의했다. 1940년대로 접어들면서 방송국 통제에서 경무국보다 조선군 사령부가 더 주도적인 역할을 하게 되었다. 조선군 사령부 보도부의 요청이 있으면, 방송 내용을 변경해야 했다. 신문과 마찬가지로 방송에 대한 통제에서도 군부의 영향력이 커졌다.

경무국과 체신국의 간담회에서 결정된 대로 1940년 6월 이후에는 방송원고도 경무국 도서과에서 검열했다. 뉴스나 강연 원고는 물론, 방송극의 대본 검열도 매우 엄격하게 이루어졌다. 방송원고뿐만 아니라 모든 방송 내용이 검열을 거쳤다. 일제는 방송 내용뿐만 아니라 틀어 줄 음악까지 사전에 철저히 검열했을 정도로 방송을 통해 나가는 모든 내용을 철저하게 통제했다.

4

행정처분과 사법처분

1) 행정처분

(1) 신문 행정처분

일제는 검열을 통해 매체의 내용을 사전에 살펴보고 걸러냈음에도 미처 막지 못한 기사에 문제가 있을 때에는 강력한 사후탄압을 가했다. 사후탄압은 크게 매체에 대한 행정처분과 언론인에 대한 사법처분으로 나눌 수 있었다. 매체에 대한 행정처분에는 삭제, 압수, 발행정지(정간), 발행금지(폐간) 등이 포함되었다.

사후탄압 중에서 가장 약한 것이 '삭제'였다. 검열관이 기사 일부만 삭제할 때도 있고, 기사 전부를 삭제할 때도 있었다. 삭제는 문제가 될 만한 기사를 없애고 발행하도록 하는 것으로, 사실상 사전통제에 가까웠다. 신문을 모두 인쇄한 뒤 납본 검열을 거쳤다면 사후통제에 해당한다고 볼 수 있지만, 처음에 인쇄된 신문만 납본해 검열을 받고 그 결과를 통보받

〈그림 3〉『중외일보』(1927.3.1) '새봄을 맞는 태화관' 사진 삭제

왼쪽 – 검열본, 오른쪽 – 삭제본

출처: 대한민국역사박물관

아 삭제한 후 나머지 신문을 인쇄할 수 있었기 때문에 삭제는 사실상 사전통제 기능을 했다. 삭제를 당해도 신문 발행은 가능했으므로 큰 손실이 발행하지는 않았다. 삭제는 법규에 명시되어 있지 않았지만, 실제로는 행정처분의 역할을 했다. 〈그림 3〉은 『중외일보』가 3·1운동 8주년을 맞아 민족대표 33인이 독립선언서를 발표한 장소인 태화관의 사진을 싣자 총독부가 검열을 통해 삭제를 명령해 이 사진을 삭제하고 신문을 발행했던 사실을 보여준다. 〈그림 3〉의 오른쪽은 사진이 삭제된 상태로 발행된 신문지면이다.

삭제에 관한 자료는 1931년 이후의 내용만 볼 수 있다. 1920년대에도 삭제가 상당히 많았을 텐데 자료가 없고, 1930년대의 삭제에 관한 자료만 남아 있다. 〈표 3〉에서 볼 수 있듯 신문기사 삭제 건수는 1930년대 전반기에 계속 늘어나다가 『동아일보』와 『조선중앙일보』가 무기정간을 당한 1936년 이후에 급격히 줄어들었다. 손실을 막기 위해 신문사들이 가능하면 삭제될 만한 기사를 게재하지 않으려 노력했기 때문이었다.

〈표 3〉 신문기사에 대한 삭제 건수의 변화

연도	1931	1933	1934	1935	1936	1937	1939
치안 방해	108	229	224	524	75	49	127
풍속괴란			2		3		6
총계	108	229	226	524	78	49	133

출처: 정진석, 『극비 조선총독부의 언론검열과 탄압』, 커뮤니케이션북스, 2007, 101쪽.

'압수'는 신문을 모두 빼앗아 배포를 금지하는 것이었다. 신문에 대한 압수처분은 1920년에 조선어 신문이 발행되면서부터 빈번하게 자행되었다. 기사 삭제는 신문 발매 자체를 금지하는 조치가 아니었으므로 신문사에 큰 경제적 손실을 초래하지는 않았다. 그러나 압수처분은 신문 배포가 전면 금지되므로 신문사에 커다란 경제적 손해를 끼쳤다. 신문이 압수되면 문제가 된 부분을 삭제하거나 수정한 뒤 재인쇄를 해야 해서 비용이 대폭 늘어날 뿐만 아니라 구독료와 광고수입에도 차질이 생길 수밖에 없었다.

일제강점기 신문 압수처분 건수의 변화 과정을 정리한 〈표 4〉에 따르면 1924년부터 1927년에 이르는 시기에 압수처분이 가장 많았다. 이 시기 신문들의 논조가 특히 일제에 비판적이었기 때문이다. 1920년대 압수기사 대부분은 조선 통치를 부인하거나 방해하는 내용을 담고 있었다.

총독부는 이러한 기사들을 압수함으로써 신문이 식민지 지배에 부정적인 영향을 주는 것을 사전에 차단하고자 했다.

〈표 4〉 신문 압수처분 건수의 변화

연도	동아일보	조선일보	중외일보	매일신보	계	비고
1920	19	32			51	
1921	16	26			42	
1922	16	14			30	
1923	16	23			39	
1924	68	59	56		183	『시대일보』 창간
1925	67	66	44		177	
1926	35	58	32	3	128	『중외일보』 창간
1927	46	62	45	3	156	
1928	28	28	32	3	91	
1929	28	23	26	4	81	
1930	31	20	31	1	83	
1931	17	9	6	6	38	『중앙일보』 창간
1932	7	8	5	4	24	
1933	6	10	7	1	24	『조선중앙일보』로 변경
1934	9	4	4	1	18	
1935	2	3	3	5	13	
1936	9	13	8	6	36	『조선중앙일보』 폐간
1937	2	8		8	18	
1938	5	7		5	17	
1939	8	5		3	16	
1940	1	3		2	6	『동아』·『조선』 폐간
계	436	481	299	55	1,271	

출처: 정진석, 『극비 조선총독부의 언론검열과 탄압』, 커뮤니케이션북스, 2007, 107쪽.

1920년대 말부터 압수처분 건수는 점차 줄어들었다. 특히 『동아일보』를 제외한 다른 신문들이 재정난으로 제대로 발행되지 못하던 1931년을 기점으로 압수처분은 급격히 줄어들었고, 1935년 이후에는 거의 없어지다시피 되었다. 일제의 언론통제가 1931년의 만주침략을 계기로 더욱 강화되었음에도 압수처분이 오히려 급격히 줄어든 것이다. 이것은 신문들이 가능하면 압수를 피할 수 있을 정도로 스스로 논조를 변질시켰던 탓이었다.

'정간'의 법률 용어는 발행정지였다. 정간은 특정 기간 발행이 중지되는 '유기정간'과 기간이 정해지지 않은 '무기정간'으로 나뉜다. 정간으로 일정 기간 신문을 발행하지 못하게 되면 신문사는 큰 손해를 입었다. 조선인 발행 신문에 대한 최초의 정간은 1920년 8월 27일 자 『조선일보』 사설 「자연의 화(化)」로 인해 이루어졌다. 『조선일보』는 1차 정간이 끝난 직후 1920년 9월 5일 자 사설 「우열(愚劣)한 조선총독부 당국자는 하고(何故)로 우리 일보(日報)를 정간시켰느뇨」로 총독부를 비판해서 다시 정간을 당했다. 『조선일보』가 정간으로 발행하지 못하고 있던 시기에 『동아일보』도 1920년 9월 24일과 25일 「제사(祭祀) 문제를 재론하노라」라는 사설을 게재해 정간 당했다. 총독부는 해당 사설이 정책을 비판하거나 일본인이 숭상하는 물건을 모독했다는 이유로 정간을 단행했다.

1920년에 내려진 세 번의 정간 조치는 총독부가 조선인 발행 신문에 보낸 경고였다. 세 번 모두 사설로 인한 정간이었으며, 이는 사설의 비판 수위가 어느 정도까지 허용되는지를 보여주는 사례다. 총독부는 지배 정책의 기본 방향에 대한 비판이나 황실에 대한 모독은 허용될 수 없다는 점을 정간 조치를 통해 명확히 보여주었다.

〈표 5〉 신문 발행정지 일람표

시기	동아일보	조선일보	중외(조선중앙)일보
1920~1925	1차(1920.9.25.~1921.1.10)	1차(1920.8.27~19020.9.2) 2차(1920.9.5~1920.11.24) 3차(1925.9.8~1925.10.15)	
1926~1930	2차(1926.3.7.~1926.4.19) 3차(1930.4.17~1930.9.1)	4차(1928.5.9~1928.9.19.)	1928.12.6~1929.1.17
1931 이후	4차(136.8.27~1937.6.2)		1936.8.27~1937.6.2 폐간

출처: 정진석, 『극비 조선총독부의 언론검열과 탄압』, 커뮤니케이션북스, 2007, 108~132쪽.

〈표 5〉에 나타난 것처럼 1920년 세 차례의 정간 이후 1920년대 전반기에 삭제나 압수는 자주 있었으나 정간 조치는 없었다. 『조선일보』는 1925년 9월 8일 자 사설 「조선과 노국(露國)과의 정치적 관계」로 3차 정간 처분을 받았다. 앞서 있었던 두 신문의 세 차례 정간과는 달리 이번에는 발행인·인쇄인·필자가 모두 사법처분을 받았고, 정간 해제 과정에서 기자 17명이 퇴직당하는 일까지 벌어졌다. 『조선일보』는 총독부의 요구대로 기자들을 대거 해고하고 나서야 38일 만인 10월 15일에 속간되었다.

이후의 정간 조치는 대부분 사법처분과 함께 이루어졌다. 정간 조치만으로는 신문 비판 활동을 통제할 수 없다고 보았기 때문이다. 『동아일보』는 1926년 3월 5일에 소련에 있는 국제농민회본부가 조선 농민들에게 전해 달라고 보내온 전보문을 실었는데, 총독부는 이 글이 실린 3월 5일 자 신문의 발매금지를 명했다. 『동아일보』는 문제된 부분을 삭제하고 같은 날짜로 '호외'를 발행했다. 이에 대해 총독부는 3월 7일에 정간을 명령하고, 주필 송진우와 발행 겸 편집인 김철중에 대해 사법처분을 내렸다.

1920년대 말부터는 외국에서 벌어진 사건을 다루며 우회적으로 일제를 비판한 것조차 문제 삼아 신문을 정간시켰다. 『조선일보』는 사설 「제남사변(濟南事變)의 벽상관(壁上觀)-다나카(田中)내각의 대모험」으로 인해 1928년 5월 9일에 4차 정간처분을 당했다. 이미 1928년 1월 21일 자 사설 「보석(保釋) 지연의 희생, 공산당 사건의 실례를 보고서」로 인해 발행인 겸 주필 안재홍과 편집인 백관수가 재판을 받고 있었기 때문인지, 총독부는 이번 사건에 대해서는 추가로 사법처분을 내리지 않았다.

『동아일보』와 『조선일보』 이외의 신문으로는 『중외일보』가 최초로 정간을 당했다. 『중외일보』는 중국의 배일운동을 다룬 사설 「직업화와 추화(醜化)」로 인해 1928년 12월 6일 정간처분을 받았으며, 이와 함께 발행인 이상협과 사설 집필자이자 편집국장인 민태원이 사법처분을 받았다. 『중외일보』는 이미 같은 해 2월에 연재한 「세계일주 기행-조선에서 조선으로」로 인해 발행인 이상협과 집필자인 논설기자 이정섭이 사법처분을 받은 바 있었다. 『동아일보』는 1930년 4월 16일 자에 게재한 미국의 진보 주간지 『네이션』 주필이 보낸 창간 10주년 축사 '조선의 현상 밑에 귀보(貴報)의 사명은 중대하다'로 3차 정간을 당했다.

1930년까지 내려진 여덟 건의 정간처분 중 『동아일보』의 2차와 3차 정간을 제외한 나머지 여섯 건은 모두 사설이 문제가 된 경우였다. 이러한 정간은 대부분 무기정간으로 신문사에 큰 경제적 타격을 주었으므로, 1931년 이후에는 사설로 인한 정간을 방지하기 위해 사설의 비판 수위를 급격히 낮추거나 아예 문제가 될 만한 내용은 사설에서 다루지 않게 되었다. 이에 따라 1930년대 이후에는 압수처분이 줄어들었을 뿐만 아니라 정간처분도 한동안 없었다.

『동아일보』의 4차 정간과 『조선중앙일보』의 정간은 베를린올림픽 마라톤 우승자인 손기정 선수의 사진에서 가슴의 일장기를 지운 것이 문제가 되었다. 두 신문은 1936년 8월 13일 자에 게재한 손기정 선수 사진에서 일장기를 흐리게 처리해 보도했으나, 이때는 별문제 없이 그냥 넘어갔다. 『동아일보』가 1936년 8월 24일 저녁에 인쇄·배포한 8월 25일 자 석간 2판에서 손기정 선수의 시상식 장면 사진을 게재하며 일장기를 삭제했다. 이 사진이 일제 당국에 의해 문제가 되면서 일장기 말소사건이 벌어졌다. 이 사건으로 『동아일보』는 무기정간을 당했고, 혹독한 조사 끝에 13명이 퇴직당했다. 『동아일보』는 기자 해직 등 총독부의 요구 조건을 따르기로 하고 279일 만인 1937년 6월 2일에 속간되었다.

『조선중앙일보』는 『동아일보』의 무기정간과 경무국의 언론통제 강화 방침 발표를 보고, 1936년 9월 4일에 '자진 휴간'했다. 강력한 처벌을 피하기 위해, 처음에는 2주간 휴간 계획을 제출했으나 총독부의 불허 방침으로 무기 휴간이 되었다. 이후 『조선중앙일보』는 내분과 경영난으로 속간하지 못했고, 휴간 1년 2개월이 지나 신문지법에 따라 신문 허가가 자동으로 취소되면서 폐간되고 말았다. 비록 자진 휴간이었지만, 총독부의 허가 없이는 속간할 수 없었다는 점에서 『조선중앙일보』도 정간을 당한 것이나 다름없었다.

(2) 잡지 행정처분

신문지법으로 허가받아 발행하는 잡지들은 교정쇄 검열을 거쳐, 검열에 걸린 기사를 삭제한 뒤에야 발행할 수 있었다. 『개벽』은 창간호부터 삭제와 압수처분을 받았으며, 6년간 발행한 72호에서 총 149건의 기사가 삭제되었다. 149건의 삭제 기사 중에서 가장 높은 비중을 차지한 것은 논설이었으며, 그중에서도 사상 관련 논설의 삭제 비율이 높았다. 『개벽』의 삭제 기사는 1924년부터 늘어나 폐간될 때까지 상당히 높은 빈도를 보였다. 『개벽』의 사회주의 관련 기사 수가 늘어나고 영향력이 커지면서 총독부의 탄압이 강화된 결과였다.

기사 삭제는 사실상 모든 잡지를 대상으로 이루어졌다. 출판법에 근거해 '단행본의 계속 출판' 형식으로 발행하던 잡지들은 원고 검열을 받아야 했기 때문에 원칙적으로 삭제가 이루어져도 발행된 잡지에는 흔적이 잘 나타나지 않았다. 이는 원고 검열에서 걸린 기사를 삭제하는 것이 아니라 아예 다른 기사로 대체해 인쇄했기 때문이다. 그럼에도 많은 잡지가 기사를 통해 삭제 사실을 알리곤 했다. 1930년대에도 잡지의 기사 삭제는 계속되었고, 교정쇄 검열이 확대되면서 출판법으로 발행되는 잡지들에도 삭제의 흔적이 나타났다. 출판법 잡지들도 검열에서 걸린 기사만 삭제하고 인쇄해 발매했기 때문이다. 점차 모든 잡지가 검열에 걸릴 만한 글을 싣지 않게 되면서 잡지 기사 삭제도 신문처럼 1936년 이후 크게 줄어들었다.

1920년에는 신문지법에 따라 발행된 잡지들의 압수처분도 빈번하게 나타났다. 『개벽』은 72호를 발행하는 동안에 40회의 압수처분을 받았다. 압수의 대상이 된 호수(號數)는 모두 34개였는데, 압수 횟수가 40회나 되는 까닭은 한 호가 여러 차례 압수되기도 했기 때문이다. 압수 횟수가 신문에 비해 적지만 월간잡지였다는 점을 고려하면 대단히 많았던 셈이다. 특히 언론통제가 강화된 1925년 이후에는 19회나 압수를 당했다. 따라서 1920년대 전반기 언론통제의 주된 대상은 『동아일보』, 『조선일보』 두 신문과 『개벽』이었다고 할 수 있다.

신문지법에 따라 허가를 받은 이후 잡지 『신생활』과 『신천지』는 자주 압수나 정간을 당했다. 『신생활』은 1922년 9월 12일에 신문지법으로 발행 허가를 받은 이후에 주간으로 발행되던 10호, 11호, 12호 중 11호와 12호가 압수당하고, 언론인들이 사법처분까지 받았다. 또 13호는 발매금지, 14호와 16호는 압수처분을 받았다. 『신천지』는 신문지법에 따라 허가를 받은 직후 사실상 창간호나 다름없는 1922년 11월호(통권 6호)가 11월 10일에 발매금지 처분을 받았고, 관련 언론인들이 사법처분도 받았다. 또한 1923년 9월호도 압수당했으며, 다시 언론인들이 사법처분을 받게 되었다. 『신천지』는 계속되는 탄압으로 꾸준히 발행되지 못하다가 1924년 5월호(통권 15호)를 마지막으로 폐간되었다. 『개벽』이 비교적 압수를 덜 당하던 시절인 1922년 말에는 『신생활』과 『신천지』가 압수뿐만 아니라 사법처분까지 받는 강력한 탄압의 대상이 되었다.

『개벽』, 『신생활』, 『신천지』와 함께 1922년 9월 12일에 신문지법에 따라 허가를 받았던 『조선지광』은 창간 직후에는 압수가 별로 없었지만, 1924년 5월 3일에 발행인을 장도빈에서 김동혁으로 바꾸고, 발행주기를 월간에서 주간으로 변경해 속간된 4호가 압수처분을 받았다. 11호까지 발행된 잡지 중에 7호가 압수를 당했고, 그 이후 발행된 12호와 13호도 압수되어, 1924년 중반 이후 『조선지광』에게 압수는 일상이 되었다. 『조선지광』은 휴간했다가 1925년 8월 복간한 뒤에도 자주 압수를 당했다. 21호, 26호, 52호, 66호도 압수당했으며, 74호는 발매금지되었다.

『신생활』과 『신천지』에 앞서 신문지법으로 허가받았던 주간지 『동명』도 1923년 4월에 발행된 2권 15호가 압수를 당했다. 1927년 1월 10일에 신문지법에 따라 발행 허가를 받은 『현대평론』도 창간호부터 압수되었으며, 같은 해 8월호와 1927년 11·12월 합병호도 압수처분을 받았다. 이처럼 1920년대에 신문지법에 따라 허가받은 잡지들은 삭제와 압수에 시달리다가 거의 모두 1920년대에 강제 폐간되거나 자진 폐간했다.

친일잡지인 『시사평론』과 『신민』을 제외하고 신문지법으로 허가받아 1930년대까지 살아남은 유일한 잡지는 『조선지광』으로 1932년 1월까지 발행되었다. 『조선지광』은 1931년 7·8월 합병호를 마지막으로 압수 당했다. 신문지법으로 허가받은 잡지들이 모두 사라지면서 당연히 잡지에 대한 압수처분도 거의 없어졌다. 출판법에 따라 발행되는 잡지들은 원고검열 과정에서 원고가 압수될 수 있었지만, 신문지법에 따라 발행되는 잡지처럼 인쇄된 잡지가 압수되는 일은 없었기 때문이다.

1910년대부터 이미 잡지에 대한 정간조치가 있었다. 신문지법으로 허가받은 『천도교회월보』는 1918년 5월호가 사회의 안녕과 질서를 방해했다는 이유로 신문지법 제21조에 따라 발매·반포금지, 압수, 발행정지 처분을 받았다가 두 달 만인 1918년 7월에 해제되었다. 신문지법에 따라 허가되었더라도 정치·시사 문제를 다룰 수 없는 종교지로 허가받았던 『천도교회월보』가 발행정지를 당할 정도로 무단통치 시기의 언론통제는 강력했다.

가장 강력한 언론탄압 방법은 발행을 금지하는 폐간 조치였다. 총독부는 1923년 1월 8일 『신생활』을 폐간시켰는데 이는 언론 활동을 더욱 엄격하게 통제하겠다는 의지를 분명히 드러낸 것이었다. 이어 『개벽』이 비판적 활동을 계속하자 1925년 8월에 정간처분을 내렸다. 『개벽』에 대한 발행정지는 총독부가 설정한 수위를 넘어서는 내용에 대한 마지막 경고의 성격을 지니고 있었다. 총독부는 이미 폐간시켰던 『신생활』에 비해 발행부수나 영향력 면에서 훨씬 우위에 있던 『개벽』도 그대로 둘 수 없다고 판단하고 일단 정간시켰다. 그로부터 정확히 1년 뒤인 1926년 8월에 폐간했다. 『개벽』의 폐간 조치는 언론계에 큰 충격을 주었다. 이미 신문에 대한 정간이 여러 번 있었고, 『신생활』의 폐간도 있었지만, 『개벽』의 위상을 고려할 때 정간에 이어 1년 만에 폐간을 시킨 것은 갑작스러운 일로 받아들여졌기 때문이다.

『개벽』의 폐간 이후 신문지법으로 발행되는 잡지 가운데 친일잡지를 제외하고는 기존의 『조선지광』과 1927년 1월 발행 허가를 받은 『현대평론』만 남았다. 그러나 『현대평론』은 1928년 1월호까지 발행되고 경영난으로 계속 휴간하다가 결국 발행권이 취소되어 폐간되었다. 『조선지광』도 오랜 휴간으로 1932년 7월에 허가효력이 상실되면서 폐간되고 말았다. 신문지법 제7조에 발행정지 기간은 1년을 넘길 수 없다고 규정했기 때문에 휴간이 1년을 넘으면 허가효력이 상실되었다. 이후 1930년대 내내 신문지법에 따라 발행되면서 정치나 시사를 다룰 수 있는 종합잡지는 존재하지 않았다.

2) 사법처분

(1) 신문 언론인 사법처분

일제는 언론을 더욱 강력하게 통제하기 위해 매체에 대한 행정처분뿐 아니라 점차 언론인에 대한 사법처분도 실시했다. 1922년 잡지 『신천지』나 『신생활』에 근무하던 언론인들에게 사법처분을 내린 데 이어, 1925년부터는 신문에 대해서도 언론인에 대한 사법처분을 내렸다. 『조선일보』의 3차 정간, 『동아일보』의 2차 정간, 『중외일보』의 1차 정간 등 세 사례에서는 정간처분과 함께 언론인에 대한 사법처분이 함께 내려졌다.

〈표 6〉에 나타난 것처럼 신문지법 제26조의 규정에 따라 발행인이나 편집인도 집필자와 함께 사법처분을 받았다. 대부분 신문지법 제26조와 함께 보안법이 적용되었는데, 『조선일보』 3차 정간의 원인이 된 사설 「조선과 노국(露國)과의 정치적 관계」의 집필자 신일용에 대해 강력한 처벌규정을 담고 있는 치안유지법을 적용한 데는 언론인들을 위축시키려는 의도가 있었다. 1928년 1월 『조선일보』 사법처분은 안재홍이 집필한 사설 「보석 지연의 희생, 공산당 사건의 실례(實例)를 보고서」가 문제가 된 것이었는데, 이 사건의 재판이 진행되는 기간에 안재홍이 집필한 또 다른 사설 「제남사건의 벽상관」이 문제가 되어 『조선일보』는 다시 정간처분을 받았다. 보석 중이던 안재홍은 4차 정간과 함께 보석이 취소되어 다시 수감되었고, 재판 끝에 최종적으로 금고 8월을 선고받았다. 1928년 2월의 『중외일보』 사법처분은 이정섭이 집필해 연재한 「세계일주기행-조선에서 조선으로」가 원인이었다.

〈표 6〉 신문 언론인에 대한 사법처분

성명	직	사유	적용 법률	판결 내용
김동성	『조선일보』 편집 겸 발행인	1925년 9월 8일 자 사설 「조선과 노국과의 정치적 관계」(3차 정간)	신문지법 제25조, 25조	징역 4월(발행인, 편집인으로서 각각 2월), 집행유예 2년
김형원	동 인쇄인			징역 3월
신일용	동 논설반 기자		치안유지법	기소중지(1933년 징역 1년 6월, 집행유예 3년)
송진우	『동아일보』 주필 겸 편집국장	1926년 3월 5일 국제농민회본부가 조선농민에게 전해 달라고 한 전보문 게재 (2차 정간)	보안법 제7조	징역 6월
김철중	동 발행인 겸 편집인		신문지법 제26조	금고 4월(발행인과 편집인으로 각각 2월)
최원순	『동아일보』 기자	1926년 8월 22일 자 「횡설수설」	보안법 제7조	면소
백관	『조선일보』 편집인	1928년 1월 21일 자 사설 「보석 지연의 희생, 공산당 사건의 실례를 보고서」	신문지법 제26조	벌금 100원
안재홍	동 주필 겸 발행인		신문지법 제26조	금고 8월 (2개월 감형)
이정섭	『중외일보』 촉탁	1928년 2월 21, 22일, 「세계일주 기행-조선에서 조선으로」	보안법 제7조	징역 6월, 집행유예 2년
이상협	발행인 겸 편집인		신문지법 제26조	벌금 200원
민태원	『중외일보』 편집국장	1928년 12월 6일 자 사설 「직업화와 추화」(1차 정간)	보안법 제7조	징역 3월, 집행유예 3년
이상협	동 발행인 겸 편집인		신문지법 제26조	벌금 200원

출처 : 정진석, 『극비 조선총독부의 언론검열과 탄압』, 커뮤니케이션북스, 2007, 115~123쪽; 독립운동사 편찬위원회, 『한민족독립운동사자료집 70-문화투쟁사 자료집』, 독립유공자사업기금운용위원회, 1977, 1055~1089쪽.

〈그림 4〉는 『조선일보』 김형원이 징역 3월을 마치고 출옥하고, 『동아일보』 송진우가 징역 6월을 살기 위해 입옥을 앞둔 상태에서 언론인 단체 '무명회'가 주최한 모임을 촬영한 사진이다. 식민지 시기 언론인이 겪었던 고난을 상징적으로 보여준다.

〈그림 4〉 『조선일보』 김형원 출옥 축하, 『동아일보』 송진우 입옥(入獄) 위로 모임

출처: 『동아일보』, 1926.11.13, 2면.

1920년대에는 신문지법이나 보안법 등에 따른 사법처분 이외에도 명예훼손으로 인한 사법처분도 적지 않았다. 이러한 명예훼손 사건으로 처벌받은 경우는 대부분 지국 기자였지만, 『동아일보』의 한위건, 『시대일보』의 홍남표와 유완희 등 본사 기자들이 명예훼손으로 사법처분을 받은 경우도 적지 않았다. 이러한 명예훼손 사건으로 본사 기자들이 체형을 받은 일은 드물었지만, 명예훼손 조항이 일제 경찰이나 관리들에 의해 악용되어 신문의 비판적 논조를 위축시키는 데 일정한 역할을 했음은 분명하다. 명예훼손으로 소송 당한 신문 지국 기자들은 대부분 벌금형을 받았지만, 경제적으로 어려운 지국 기자들에게 벌금은 큰 부담이었다.

1930년대 대표적인 언론탄압 사례는 『동아일보』와 『조선중앙일보』의 '일장기 말소사건'이었다. 4차 정간을 불러온 이 사건으로 『동아일보』에서는 기자 11명이 연행되어 모진 고문을 당하고 13명이 퇴직당했지만, 단 한 명도 사법처분을 받지는 않았다. 『조선중앙일보』도 4명이 불려가 조사를 받았지만 한 명도 사법처분을 받지 않았다. 언론인 개인에 대한 사법처분보다는 신문에 장기간의 무기정간을 내려 친일 논조로 변질시키는 것을 더 중요하게 보았던 것이다. 1930년대 이후 신문에서 사법처분을 할 만한 수준의 기사들이 없어졌고, 굳이 무리하게 사법처분을 해야 할 필요성도 사라졌다.

(2) 잡지 언론인 사법처분

문화정치 실시 이후 최초로 사법처분을 받은 잡지는 『개벽』이었다. 『개벽』은 신문지법으로 허가를 받았지만, 처음에는 보증금 납부가 허용되지

〈표 7〉 잡지 언론인에 대한 사법처분

<table>
<tr><th>성명</th><th>직책</th><th>사유</th><th>적용 법률</th><th>판결 내용</th></tr>
<tr><td>이두성</td><td>『개벽』 발행인</td><td>1920년 12월,
「순연한 민중의 단결」</td><td>신문지법 제5조, 제30조, 제39조
조선형사령 제42조</td><td>벌금 50원</td></tr>
<tr><td>백대진</td><td>『신천지』 주간</td><td rowspan="2">1920년 10월,
「일본 위정자에게 고함」(하)</td><td rowspan="2">신문지법 제11조
제령 제7호 제1조 제1항</td><td>징역 6월</td></tr>
<tr><td>장재흡</td><td>동 인쇄인</td><td>기소유예</td></tr>
<tr><td>박희도</td><td>『신생활』 사장</td><td rowspan="4">11호(1922.11.13) 「노국혁명 5주년 기념」, 「5년 전 금일을 회고함」

12호(1922.11.18) 「민족운동과 무산계급의 전술」, 「자유노동취지서」</td><td rowspan="2">신문지법
제령 제7호 제1조 제1항</td><td>징역 2년 6월</td></tr>
<tr><td>신일용</td><td>동 기자</td><td>징역 1년 6월</td></tr>
<tr><td>김명식</td><td>동 주간</td><td rowspan="2">제령 제7호 제1조 제1항</td><td>징역 2년(병보석, 재수감)</td></tr>
<tr><td>유진희</td><td>동 기자</td><td>징역 1년 6월</td></tr>
<tr><td>박제호</td><td>『신천지』 기자</td><td rowspan="2">1923년 9월,
「약소민족에게 호소하여 단결을 재촉함」</td><td rowspan="2">제령 제 7호</td><td>징역 1년
(병보석, 사망)</td></tr>
<tr><td>유병기</td><td>동 기자</td><td>징역 1년</td></tr>
</table>

출처 : 독립운동사 편찬위원회, 『한민족독립운동사자료집 70-문화투쟁사 자료집』, 독립유공자사업기금운용위원회, 1977, 1055~1089쪽; 박현수, 「『신생활』 필화사건 재고」, 『대동문화연구』 106집, 2019, 358~372쪽.

않아 정치·시사 문제를 다룰 수 없었다. 총독부는 『개벽』이 정치·시사 문제를 다루어 신문지법을 위반했다고 발행인 이두성을 동대문 경찰서로 불러 벌금형을 내리려 했다. 이두성은 정식 재판을 청구했고, 그 결과 벌금 50원을 선고받았다. 『신천지』와 『신생활』은 신문지법에 따른 허가를 받은 지 얼마 지나지 않아 발매금지와 함께 사법처분을 받았다. 두 잡지가 허가 직후 사법처분을 받은 일은 당시에도 언론과 사회의 관심을 끌었다.

『신천지』는 창간호(1922년 11월호)에 실린 백대진의 「일본 위정자에게 여(與)하노라」라는 기사로 인해 발매금지 당했다. 주간 백대진은 1심과 2심을 거쳐 징역 6개월이 확정되었고, 영업부 장재흡은 기소 유예되었다. 『신생활』은 11호와 12호에 실린 기사들이 사회주의에 동조했다는 이유로 발매금지되었다. 사장 박희도는 2년 6월, 주간 김명식은 2년, 기자 신일용과 유진희가 1년의 징역형을 받았다. 『신천지』는 1923년 9월에 유병기가 쓴 「약소민족에게 호소하여 단결을 재촉함」이라는 기사가 다시 문제가 되어 박제호와 유병기가 1년형을 선고받고 복역했는데, 박제호는 건강 악화로 가출옥 후 사망했다.

1922년과 1923년 『신생활』과 『신천지』 사건은 매체가 불온한 내용을 실으면 행정처분에 그치지 않고 사법처분을 통해 강력하게 처벌하겠다는 총독부의 확고한 의지를 보여주었다. 총독부는 1924년 이후에는 신문지법에 따라 발행된 잡지에는 사법처분을 하지 않았지만, 이후 신문에 대해서는 1925년부터 자주 사법처분을 내렸다. 다만 출판법에 따라 '단행본의 계속 출판' 형식으로 발행하는 잡지의 언론인이 사법처분을 받은 일은 이후에도 간혹 벌어졌다.

(3) 단파방송 청취 사건

일제강점기 방송인 중 방송 활동으로 인해 사법처분을 받은 사람은 단 한 명도 없었다. 방송인들이 사법처분을 받은 사건은 '단파방송 청취 사건'뿐이다. 이 사건은 방송 내용이 문제가 되어 처벌받은 것이 아니라 방송인이 단파방송을 청취한 뒤 그 내용을 주변에 알린 행위에 대해 유언비어를 퍼트렸다고 단속했던 사건이었다. 총독부는 이미 중일전쟁이 발발한 1937년부터 유언비어를 단속해 왔으며, 1941년 태평양전쟁이 시작된 이후 단속을 더욱 강화했다. 1940년대 들어 대중매체를 확실하게 통제했음에도 대인 채널을 통해 일제에 비판적인 다양한 정보들이 계속 유통되자, 총독부는 이를 막기 위해 더욱 적극적으로 나섰다.

그럼에도 1941년 들어 이른바 전시 유언비어가 급격히 늘어났으며, 그 내용은 구체적인 전쟁 상황이나 국내의 정세 변화와 밀접하게 연관되어 있었다. 1942년부터는 일본의 패전을 전망하는 내용도 나왔다. 총독부는 언론에 전쟁에서 계속 이기고 있다는 보도만 허용했음에도 일본의 패전을 전망하는 내용이 계속 유포되자 그런 정보의 출처에 관해 수사를 시작했다. 국내에 있는 선교사들을 추방하면서 해외방송을 들을 수 있는 단파수신기도 모두 회수했다. 하지만 방송국에는 업무용 단파수신기가 있었고, 당시 방송인들은 이런 단파수신기에 쉽게 접근할 수 있었으며, 일부 기술직 직원들은 스스로 단파수신기를 만들기도 했다. 방송인들은 단파수신기를 통해 해외방송을 듣고 그 소식을 주변에 알리기도 했는데, 이런 이유로 일제는 전시 유언비어의 근원지 중 하나로 방송국을 주목하고 조사했다.

경찰은 경성방송국 직원들을 유언비어의 출처로 의심해 미행하다가 한 직원이 무심코 한 발언을 듣고 검거하면서 단파방송 사건이 터졌다. 경기도 경찰부 고등경찰과 제1사찰계 주임인 사이가 시치로(齊賀七郎)가 1942년 12월 27일에 개성송신소로 가서 소장 이이덕을 연행하고, 다음 날에 성기석도 체포했다. 송진근, 박용신, 이이덕, 성기석 외에 송진근과 함께 개성에 와서 이이덕을 통해 단파방송 청취 내용을 들었던 양제현도

〈표 8〉 단파방송 청취 사건 사법처분

징역					
이름	업무	기간	이름	업무	기간
성기석	기술	2년	조종국	공사	1년
이이덕	기술	1년 6월	홍근호	보수	1년
염준모	기술	1년 2월	홍진석	공사	1년
김건이	보수	1년	이근창	보수	8월
김남득	기술	1년	이창득	보수	금고 8월
김동하	기술	1년	김중웅	보수	6월
김종호	보수	1년	김필상	견습생	6월
노중현	보수	1년	박용신	방송	6월
송진근	방송	1년	박훈상	보수	6월
양제현	편성	1년	손정봉	방송	6월
벌금					
이름	업무	금액	이름	업무	금액
박도신	기술	300원	한진동	기술	300원
송용운	기술	300원	신상운	보수	200원
이전세	기술	300원	황태영	기술	100원

출처: 유병은, 『단파방송 연락운동』, KBS 문화사업단, 1991; 국사편찬위원회, 2008, 『한민족독립운동사자료집』, 국사편찬위원회.

검거되었고, 양제현을 통해 그 내용을 전달받았던 홍익범과 송남헌도 체포되었다. 방송인을 통해 전황 정보를 들었던 인물들까지 체포되기 시작했다.

이후 일제는 전국적으로 방송국의 단파방송 청취 사실을 조사했다. 1942년 말부터 시작된 단파방송 청취 사건으로 경성중앙방송국의 40여 명을 포함해 조선방송협회 직원 150여 명과 방송국 직원이 아닌 사람들 180여 명이 검거되어 전체적으로 350명가량이 경찰에 체포되었다. 1년 동안의 혹독한 취조와 예심을 거쳐 1943년 11월 결심공판에서 26명의 방송인이 실형 선고를 받아 옥고를 치르거나 벌금형을 받았다.

〈표 8〉에 따르면, 방송국 직원 중 확인된 것만 해도 징역형 20명(금고 1명 포함), 벌금형 6명이었다. 처벌받은 방송국 직원의 대부분이 기술과·보수과·공사과 등 기술직이었는데 이들이 단파수신기에 상대적으로 쉽게 접근할 수 있었기 때문이다. 이 들은 각자 개별적으로 청취하다가 체포된 것이었다. 방송을 들은 것은 무선전신법 위반, 들은 내용을 남에게 얘기했으면 유언비어 유포죄에 해당했고, 또 그 내용 중에 육군의 전황에 관한 말이 나오면 육군형법에 저촉, 해군에 관한 것이라면 해군형법 위반이라고 해서 많은 사람이 처벌을 받을 수밖에 없었다. 『동아일보』 기자 출신 홍익범과 『조선일보』 영업국장을 지낸 문석준이 조사 과정에서 고문으로 목숨을 잃었을 만큼 총독부는 단파방송 청취 사건에 대해 엄중하게 대응했다.

총독부가 해외방송을 듣고 그 내용을 주변에 전했다는 이유만으로 강력히 처벌한 것은, 전쟁 상황에 관한 정확한 정보의 유통이 전쟁동원 체제에 위기를 초래할 것이라고 염려했기 때문이었다. 단파방송 청취 사건으로 체포된 인물들의 재판기록에는 실제로 이들이 단파방송 청취를 통해 일본의 패망을 예상하고, 이를 주변에 알렸다는 내용이 다수 확인된다. 비록 조직적이고 의도적인 활동은 아니었다 하더라도, 일부나마 조선인들이 전황을 정확히 알고 독립의 가능성을 생각하며 광복 이후를 준비하게 만들었다는 점에서 단파방송 청취 사건은 큰 의미를 지닌다. 단파방송 청취 사건을 통해 총독부는 방송인들에 대해서도 더욱 강력하게 통제할 필요가 있다고 판단했다.

5

매체 통폐합과 선전 활동

1) 조선어 신문 폐간과 총독부 기관지 강화

총독부는 1930년대 말에 일본인 발행 신문에 대한 통폐합 계획을 중앙지와 지방지로 나누어 추진했다. 1939년에는 조선어 신문에 대해서도 통폐합을 구체적으로 구상하기 시작했다. 조선어 신문에 대한 통폐합 조치는 일본에서 이미 진행 중이던 언론사 통폐합 정책의 연장선에 있었지만, 한편으로는 조선인을 상대로 하는 민족말살정책의 일환이기도 했다. 1930년대 말 조선인 발행 신문들의 논조는 이미 총독부 기관지인 『매일신보』와 큰 차이를 보이지 않았지만, 조선인 발행 신문의 존재 자체가 조선인의 민족의식에 영향을 준다고 보았기 때문이다.

일제는 언론을 국책 수행에 더욱 충실한 협력자의 역할을 하도록 만들어야 한다고 판단하고, 이를 위해 조선어 신문을 『매일신보』 하나로 통폐합하려고 했다. 즉 총독부는 언론을 통제하는 것을 넘어 더욱 적극적으로 이용하려 했고, 이를 위해 우선 조선어 신문의 통폐합을 시도하고자 했다. 언론을 검열하고 금지하던 것에서 언론을 활용해 선전하고 권장하는 방식으로 정책을 전환했다. 총독부는 일본어 보급 장려와 『매일신보』 강화를 위해서도 조선인 발행 신문을 폐간할 필요가 있다고 판단했다.

일제는 1939년 말부터 『동아일보』와 『조선일보』의 매수 교섭에 나서 은근히 두 신문의 자진 폐간을 종용했다. 비교적 순순히 응했던 『조선일보』와 달리 『동아일보』의 폐간은 설득이 필요한 어려운 일이었다. 총독부는 강력한 폐간 반대 움직임을 보인 『동아일보』를 상대로 1940년 5월부터 폐간의 빌미를 만들기 위해 다양한 시도를 했다. 이런 압박 끝에 『동아일보』가 7월 26일 폐간을 최종적으로 결정하자 『동아일보』와 동시에 폐간하기를 희망했던 『조선일보』도 곧이어 폐간을 결정했다.

1940년 8월 10일 총독부의 강압에 의해 '자진 폐간' 형식으로 폐간하면서 『동아일보』와 『조선일보』는 『매일신보』로부터 각각 15만 원과 20만 원을 받았다. 이 돈은 해직 사원들의 생활을 보조하기 위한 해산 수당이나 위로금으로 사용되었다. 또한 폐간 이후 일제는 두 신문의 시설 인수 비용으로 『동아일보』에 50만 원, 『조선일보』에 80만 원을 지급했다. 시설 인수 논의 과정에서 『동아일보』는 고속윤전기를 『매일신보』에 넘기라는 총독부의 지시에 불응하고, 오사카의 『일간공업신문』에 16만 원에 매각했다. 『조선일보』의 경우 마리노식 윤전기 2대 중 1대는 대만으로, 1대는 『만선일보』로 넘겨졌고, 고속윤전기는 『경성일보』에 강제 매각되었다.

『동아일보』와 『조선일보』의 폐간 논의가 시작되기 전인 1938년 4월 총독부 조선어 기관지 『매일신보』는 총독부 일본어 기관지 『경성일보』로부터 독립해 자본금 100만 원의 주식회사가 되었고, 친일파 최린이 최초의 사장이 되었다. 『매일신보』의 분리·독립은 중일전쟁 발발 이후 조선인을 상대로 선전을 강화할 필요가 있다는 판단 때문이었다. 1941년 6월에는 최린이 물러나고, 경찰 출신으로 충청남도 도지사를 지낸 이성근이 사장으로 취임했다. 총독부는 1930년대 말 이후 경영진이나 편집 간부 인사에 더욱 적극적으로 개입해 친일파를 중용하며 『매일신보』를 더욱 효과적인 선전도구로 활용하고자 했다. 총독부는 『동아일보』와 『조선일보』의 폐간 이후 『매일신보』의 사명이 더 중요해졌다고 보았기 때문이다.

『매일신보』는 『동아일보』와 『조선일보』 폐간 직후부터 바로 부수가 증가하면서 1944년 9월에는 38만 8,337부가 되었다. 1939년 말 현재 『매일신보』의 부수인 9만 5,939부의 약 네 배에 해당하며, 같은 시기 『동아일보』와 『조선일보』를 포함한 조선어 신문 전체 부수인 21만 1,310부의 두 배에 달하는 수치였다. 이후 『매일신보』의 부수는 더 늘어나 1945년 6월에는 50만 부에 이르렀다. 『매일신보』는 부수 증가 등으로 인해 1939년에 비해 1944년에는 총수입이 네 배 이상으로 대폭 늘어났다.

이렇듯 통폐합 이후인 1940년대에는 안정적인 재정 기반을 확보한 총독부 기관지가 언론을 완전히 지배하는 구조가 만들어졌다. 『매일신보』는 1940년 이후 다양한 자매지를 발행했다. 이미 1938년에 일본어 주간지 『국민신보』, 1939년에 『사진순보』 등을 발행했으며, 이후 1942년 7월에는 『국어(일본어)교실』을 발행했고, 1945년 3월에는 『새소식』이라는 한글 타블로이드 일간지도 창간했다.

〈표 9〉『매일신보』의 자매지

본지	자매지	창간일	특징	발행 부수
매일신보	국민신보	1938.4.3	청소년 대상 일본어 주간신문	-
	매신사진순보	1939.9.18	주 3회 발행된 화보(畫報)	1만
	국어교실	1942.7.5	주 2회 본지 부록으로 발행	10만
	새소식	1945.3.8	한글 전용 주간신문	20만

총독부 기관지들은 연령대별로 다양한 신문이나 잡지를 발행했다. 『매일신보』의 자매지 중에 가장 특이한 것은 『국어교실』과 『새소식』이었다. 여기에서 '국어'란 일본어를 가리키는 것이었다. 『국어교실』은 『매일신보』가 타블로이드 2면으로 발행한 본지 부록으로, 처음에는 일요일에 주 1회 발행하다가, 8월 23일부터는 목요일과 일요일 주 2회로 발행했고, 뒤에는 화·목·토 주 3회 발행하기도 했다. 1943년 징병제 실시를 앞두고 일본어 교육을 서두를 필요가 있었기 때문에 『국어교실』을 발행했다. 조선어 신문인 『매일신보』의 노력에도 여전히 일본어 보급률이 높지 않아 1945년에 3월에는 한글 신문인 『새소식』을 발행했다. 교육 수준이 낮은 독자들을 대상으로 『새소식』을 발행해서 무료로 배포하고, 조선인을 전쟁에 동원하는 데 이용하려고 했다.

『매일신보』 1945년 5월 8일 자에 실린 「애국반 신문 『새소식』-신천읍서 회람요망」이라는 기사를 보자. 이 기사는 신천읍 '국민총력계'에서 "나날이 급박한 결전에 당하여 우리는 좀 더 애국반원들이 현 시국을 잘 인식하고 일층 분발하여 일로 미영(미국과 영국) 격멸에 용왕매진하기를(용감하고 씩씩하게 나아가기를) 바라마지 않는 바이다. 다행히 매일신보사에서 발행하는 『새소식』 주간지를 애국반원들에게 보이게 되었음은 실로 뜻깊은 일이

〈그림 5〉 제1차 조선군 보도연습 선서식

출처 : 『매일신보』, 1943.5.30, 3면.

며 기대하는 바 클 것이다"라고 하며 구장과 반장들이 반원들에게 『새소식』을 돌아가며 읽도록 요청했다고 보도했다. 『매일신보』는 지면을 통해 『새소식』 발행을 다시 홍보하고, 『새소식』을 발행하는 『매일신보』의 역할도 강조했다.

일제는 다양한 매체들이 전쟁 수행을 위한 노골적인 선전기관 역할을 다하도록 매체 관계자들을 모아 훈련까지 시켰다. 〈그림 5〉에서 보이듯, 1943년 5월에는 조선군 사령부 보도부가 주관해서 신문·잡지·방송 등의 매체 관계자를 동원해 평양 부근에서 일주일간 전시 보도훈련을 실시했다. 1944년 8월과 12월에도 경성에서 다시 보도연습을 실시했다. 매체를 단순히 통제하는 데 그치지 않고, 언론인들에게 보도연습을 시켜 전쟁에 적극 협력하는 보도를 하도록 만들었다.

2) 잡지 통폐합과 친일잡지 발간

1930년대 말부터 잡지 수가 급격히 줄어든 것은, 일제의 언론탄압, 용지난, 자재 가격 인상 등이 주요 원인이었다. 용지난이나 자재 가격 인상은 신문, 잡지, 서적 등 모든 인쇄매체에 공통적인 위기 요인이었지만, 자본 규모가 비교적 컸던 신문사보다 상대적으로 영세한 잡지사나 출판사에게 더 큰 영향을 주었다. 총독부는 용지가 부족한 상황에서 전쟁 수행에 도움이 되지 않는 잡지는 폐간하도록 '명령적 종용'을 하겠다고 밝혔다.

실제로 1939년과 1940년에 주요 잡지들이 대부분 폐간되었다. 『조선문학』이 1939년 7월에 폐간되었고, 『사해공론』이 1940년 2월에 폐간되었다. 1931년에 창간되어 사회주의 성향을 보이며 10년 가까이 발행되던 『비판』도 1940년 3월에 폐간되었다. 이미 모든 잡지가 친일 논조를 보였기 때문에 비판적 내용을 통제하기 위해 잡지들을 강제 폐간시켰다고 보기는 어렵다. 총독부는 1940년 8월에 『동아일보』와 『조선일보』를 폐간시킨 뒤, 잡지에 대해서도 추가 폐간을 추진했다. 『문장』과 『인문평론』이 1941년 4월에 폐간되었으나 『신세기』는 1941년 6월에 이르러서야 폐간되었다. 『문장』을 폐간하고 『인문평론』이 『국민문학』으로 새로 출발하며 종래의 합자회사를 주식회사로 개조했는데, 『매일신보』에서 3만 원을 출자했다. 총독부가 출자했다는 사실만으로도 『국민문학』의 특성을 쉽게 파악할 수 있다. 『인문평론』은 『국민문학』으로 잡지명을 바꾸어 1941년 11월부터 발행되며 본격적으로 친일 논조를 보이기 시작했다.

용지가 부족한 상황에서 잡지를 발행하려면 총독부의 허락이 있어야만 했는데, 총독부는 기존 잡지들은 폐간하는 한편 친일잡지들의 창간을 허용했다. 1939년 1월 『동양지광』(박희도), 1940년 1월 『내선일체』(박남규)와 『태양』(서춘), 1941년 1월 『신시대』(노익형), 1941년 2월 『춘추』(양재하)가 창간되었다. 친일잡지들은 잡지 전체 또는 일부를 일본어 기사로 채웠다. 『동양지광』과 『내선일체』는 일본어로 발행했고, 『국민문학』은 극히 일부를 제외하고는 대부분 일본어 기사로 채웠으며, 『태양』, 『신시대』, 『춘추』는 부분적으로 일본어 기사를 실었다. 일본어 기사가 실리면서 필자 중에 일본인도 포함되기 시작했다.

『동양지광』은 일제 말기의 친일잡지 중 가장 먼저 창간되어 '내선일체'를 적극적으로 주장했다. 이 잡지는 1940년 2월부터 1941년 11월까지 발간이 중단되었다가 속간했는데, 이후 더욱 노골적인 친일 논조를 보이며 1945년 5월까지 발행되었다. 『내선일체』는 박남규가 1940년 1월에 창간한 일문 친일잡지로 1944년 10월까지 발행되었다. 같은 해 1월에 창간된 또 다른 친일잡지는 『태양』이다. 『동아일보』와 『조선일보』에서 활동한 바 있던 서춘이 발행한 『태양』은 『동양지광』이나 『내선일체』와는 달리 국문과 일문을 혼용했는데, 이 잡지는 1940년 2월호를 마지막으로 두 호 만에 발행이 중단되었다. 『신시대』는 출판사 박문서관이 총독부에 청탁해 창간한 잡지로 1945년 2월까지 발행되었다. 『춘추』는 1941년 2월에 양재하에 의해 창간되어 1944년 10월 통권 39호까지 발행되었다. 양재하는 『조선일보』를 거쳐 『동아일보』에서 폐간될 때까지 기자로 활동했다.

기존 잡지 중에 이름을 바꾸지 않고 그대로 살아남은 것은 『조광』 하나밖에 없었다. 『조광』은 조선일보사가 『조선일보』의 폐간 과정에서 협조한 덕택으로 계속 발행될 수 있었을 뿐만 아니라 그렇게 원했던 신문지법에 따른 허가도 받았다. 김동환의 『삼천리』는 1937년의 중일전쟁 발발 이후 이미 친일적인 논조를 보였고, 1940년 1월부터는 고정란을 만들어 일본어 기사도 게재했다. 『삼천리』는 이미 노골적으로 친일 논조를 보였음에도 '삼천리'가 일제가 싫어하는 단어라는 이유로 1942년 3월에 이름까지 아예 『대동아』로 바꾸어 발행했다. 김동환은 잡지의 이름을 바꾸어 계속 발행하려 했지만, 그 과정에서 희망했던 신문지법에 따른 허가는 끝내 받지 못했다. 『대동아』는 대부분이 일본어 기사로 편집되었고, 일제의 전쟁 수행에 협력하는 내용으로 채웠지만 1943년 3월호까지 발행되고 결국 폐간되었다.

총독부는 조선인 발행 신문은 완전히 없애고 조선어 신문으로는 총독부 기관지인 『매일신보』 하나만 남겨놓았던 반면에 기존 조선인 발행 잡지 중에 일부는 계속 발행하도록 했고, 새로운 친일잡지들의 창간까지 허용했다. 용지난으로 잡지 발행에 필요한 종이를 확보하기 어려운 상황에서 총독부가 조선인의 잡지 발행을 계속 허용한 것은, 잡지가 선전 매체로서 나름의 특성이 있으며, 상대적으로 통제하기도 쉽다고 판단했기 때문이었다. 즉 잡지가 전쟁 협력과 전시동원을 위한 체계적인 논리를 제공하는 선전 매체로서 역할을 할 수 있다고 보았다.

용지 사정이 좋지 않던 시기에 친일잡지를 창간하려면 총독부의 신임을 얻어야만 했다. 따라서 일제 말기에 친일잡지 발행에 참여했던 인물들의 친일 행적이 얼마나 심각했는지를 짐작할 수 있다. 많은 지식인이 생계유지를 위해서든 사회적 지위를 얻기 위해서든 이들 잡지에 다양한 친일적 글들을 게재했다. 일제 말기 친일잡지의 내용은 대부분 군국주의 체제와 침략전쟁을 찬양·선전하는 내용이었다. 즉 글의 형식과 표현 방식은 달랐지만, 그 목적과 지향하는 바는 어느 글이든 내선일체와 황민화의 정당성, 침략전쟁 미화와 전쟁협력 등에서 크게 벗어나지 않았다.

가장 마지막까지 발행된 잡지는 『조광』으로 1945년 6월 1일에 '5·6월 합병호'까지 발행했다. 일본어로만 발행하던 『국민문학』과 『동양지광』도 1945년 5월호까지 발행했다. 세 잡지가 가장 늦게까지 발행될 수 있었던 데는 총독부의 지원과 배려가 작용했다. 『조광』 마지막 호의 내용만 보면, 일본 패전의 기미를 알아차릴 수 없었다. 친일잡지들의 숙명은 마지막까지 일제의 선전도구로서 역할을 다하는 것이었다.

3) 조선어 방송 유지와 선전방송 강화

총독부는 1939년 9월 1일에 경성방송국의 조선어 방송 담당 부서를 제2방송과에서 제2방송부로 격상시켰다. 총독부의 이런 조치는 일본어 해독률이 높지 않은 현실에서 선전 활동을 위해 조선어 방송을 할 수밖에 없었기 때문이었다. 1938년에 '국어(일본어) 상용화'라는 이름으로 일본어 사용이 강제되던 현실에서 불가피하게 조선어 방송을 강화한 것은, 같은 해 4월에 총독부 조선어 기관지 『매일신보』를 일본어 기관지 『경성일보』에서 독립시켜 별도의 주식회사로 출범시켰던 것과 같은 맥락에서 이루어진 조치였다. 제2방송부장으로는 일본인의 신임이 두터웠던 노창성이 임명되었다.

담당 부서의 위상을 높이면서 조선어 방송은 본격적으로 선전방송 체제를 갖추어 나갔다. 『매일신보』 1941년 12월 20일 자는 태평양전쟁(일본이 하와이 진주만을 기습 공격해 미국과 벌이게 된 전쟁)이 벌어지고 나서, 경무국 정보과,

체신국, 조선군 보도부 관계자들이 모여 방송의 '필승체제'를 구축한다고 하며 아래와 같은 '제2 방송의 개혁'안을 내놓았다고 보도했다.

> 먼저 뉴스 보도에 있어 전에는 주야 다섯 번밖에 없던 것을 이번에 횟수를 배로 늘려 오전 6시, 8시, 10시, 정오, 오후 3시, 5시, 6시 50분, 7시, 9시, 10시 30분의 하루 10회의 정시 뉴스 시간을 갖게 되었고, 다시 특별한 뉴스는 임시 뉴스로서 강연이나 연예의 중간이라도 언제나 집어넣게 된 것이다. 이 임시 뉴스야말로 전시(戰時) 방송진의 성격이 뚜렷이 나타났다고 말할 수 있다. 그리고 해설을 전보다 훨씬 늘려 새 지명의 지리, 산업, 경제 그 밖에 해설이 필요한 것을 매일 밤 9시에 하기로 되었다. 그리고 일요일 밤마다 지난 일 주일간의 전국을 돌아보는 '대전(大戰) 주사'라는 것을 내보낸다. 다음에 사회교화 부분에는 '우리의 결의'라는 것으로 요전처럼 명사들 연설회의 중계방송을 하거나 또는 직접 방송국 마이크 앞에 초대하여 외치게 한다.

뉴스·해설·강연 등을 통해 방송을 오로지 전쟁에 협력하도록 하는 선전에 이용하려고 했다. 1942년 2월 이후에는 총독부 정보과, 경무국, 체신국, 조선군 사령부에다가 국민총력연맹 대표까지 모여서 전시방송을 위한 방침을 논의했다. 총독부는 뉴스를 강화하고, 강연 프로그램을 확대하며, 오락프로그램도 전쟁 수행에 도움이 되도록 편성하겠다는 방침을 정하고 방송을 통제했다. 1942년 이후 제2방송은 총독의 지시에 따라 일본어 회화 시간을 대폭 강화했다. 전쟁에 조선인을 동원하기 위해서는 일본어 보급이 절실했고, 방송이 그 역할을 하는 데 유용했기 때문이었다. 1940년대에 들어서면서 오락프로그램에 해당하는 음악프로그램이나 드라마는 거의 편성하지 않았다. 청취자 확대를 통해 청취료 수입을 늘리기 위해서는 오락프로그램이 필요했지만, 전쟁협력을 위한 선전매체로서의 역할이 커지면서 이런 프로그램들이 편성될 여지가 거의 없어졌다.

전쟁이 격화되자 일제는 전파 통제를 강화하며 1942년 4월 27일부터 제2방송을 중단했다. 즉 별도의 채널로 송출하던 조선어 방송을 중단하고 일본어 방송 채널인 제1방송에서 함께 방송하도록 했다. 전파통제가 조선어 방송 폐지의 일차적인 이유였던 것은 분명하지만, 단일 방송체제로 가면서 자연스럽게 조선어 프로그램을 줄여보려는 의도도 영향을 주었다. 독자적인 조선어 방송 채널이 없어지면서 조선인 청취자 수가 정체되었다.

독자적인 조선어 방송 채널이 없던 1943년 6월에 다시 조선인을 상대로 하는 방송의 역할이 강조되었다. 일본어 해독률이 높지 않은 현실에서 조선어 프로그램을 강화해야 한다는 인식이 바탕에 깔려 있었다. 조선어 방송을 일본어 방송 채널에 함께 편성하면서 조선어 프로그램이 줄어드는 것은 물론 일본어 교육도 하기 어렵게 되자 불가피하게 다시 저녁 시간에만 조선어 방송을 별도 채널로 송출하려고 했다. 오전과 오후 시간에는 계속 한 채널에서 조선어와 일본어 방송을 함께 송출했고, 저녁 7시를 전후한 시간부터 조선어 방송을 별도 채널로 송출하며 전쟁동원과 일본어 교육을 위한 프로그램 위주로 편성했다. 1943년 11월 11일 조선어 방송은 오후 6시에 시작했는데, 오후 6시 소국민(小國民, 어린이)의 시간, 6시 45분 국민가요(레코드)에 이어서 7시 20분부터는 지원병제도를 위한 특집

프로그램으로 채웠다.

저녁 시간에만 제2방송이 부활했지만, 조선어 방송을 담당하던 제2방송과가 다시 설치되지 않았다. 조선어 방송 채널이 사라진 상태였던 1943년 6월에 기존의 제1, 제2 방송부는 없어지고, 기획부와 방송부가 생겼다. 기획부에는 기획과와 편성과가 생겼고, 방송부에는 제1, 제2 보도과가 생겼다. 기획과장은 이정섭, 제2 보도과장은 이혜구가 맡았다. 제2방송부가 폐지되었지만, 그렇다고 제2방송과가 부활된 것도 아니어서, 실질적으로는 새로 생긴 제2 보도과가 조선어 방송을 담당하게 되었다. 이 시기의 방송은 철저하게 민족말살과 전쟁협력에 그 역할이 집중되었다. 특히 당시 조선어 방송에서는 보도와 공보, 강연이 가장 큰 비중을 차지했다. 일제 말기로 갈수록 조선어 방송은 더욱 철저하게 전쟁동원의 수단으로만 활용되었다.

일제 언론통제의 특성과 영향

일제강점기 35년 동안 총독부의 언론통제 정책은 강력하고도 체계적으로 수행되었다. 매체의 허가와 규제에 관한 사항을 구체적으로 규정한 법률을 가지고, 자신들의 지배 정책에 호응하는 매체만 허가해 주며, 검열을 통해 자신들이 정해 놓은 기준을 어긴 매체를 찾아내고, 행정처분과 사법처분으로 매체와 언론인을 처벌하며, 매체를 강제로 폐간시키거나 선전에 동원하기도 했다. 물론 이러한 언론통제가 항상 의도했던 대로 완벽하게 수행된 것은 아니었지만, 일제강점기 내내 총독부는 시기에 따라 수위와 방법을 조절하며 언론을 통제해서 소기의 목적을 달성하곤 했다.

일제는 허가제와 검열제, 사법처분과 행정처분, 폐간과 동원 등을 통해 언론의 자유를 무참히 짓밟았다. 이런 언론통제는 사실이 보도되고 진실이 드러나는 것을 막아야만 그 체제가 유지될 수 있었던 일제의 식민지 지배의 본질을 잘 보여준다. 즉 강력한 언론통제 없이는 일제의 식민지 지배 자체가 사실상 불가능했다. 일제강점기의 매체와 언론인들은 한때 강력한 탄압에 맞서기도 했지만, 시간이 지나면서 통제에 굴복하고 순응하게 되었다. 총독부의 언론통제는 강력한 탄압에 그치지 않고 일제 말기로 갈수록 적극적인 동원으로 이어졌다. 일제강점기에 강력한 탄압으로 언론인들은 제대로 활동하지 못했을 뿐만 아니라 적극적 동원으로 친일 언론의 행적까지 남기게 되었다.

일제의 언론통제는 광복 이후의 언론정책에도 영향을 주었다. 식민지 시기 언론통제의 잔재들이 광복 이후 언론을 통제하는 데 사용되기도 했다는 것이다. 광복 이후에도 계속 언론통제 과정에서 일제강점기의 악법이었던 신문지법을 활용하다가 1952년 3월 19일에야 국회에서 신문지법을 폐기했다. 일제 언론통제의 상징과도 같은 신문지법이 정부 수립 이후에도 한동안 존속하며 계속 한국언론을 통제하는 데 사용되었다는 사실은 일제 잔재의 청산이 확실하게 되지 않았음을 잘 보여준다. 사실상 국영으로 운영되었던 일제강점기 방송의 유산은 미군정을 거쳐 정부 수립 이후에도 계속 한국방송이 국영으로 운영되는 데 영향을 주었다. 국영방송 KBS는 1973년 3월 3일에 가서야 공사 체제로 전환되었다.

한국의 언론은 과거 권위주의 정권 시기 동안 '등록제'로 가장한 사실상의 '허가제'를 경험했고, '보도지침'이라는 이름의 실질적인 '검열제'로 고통받았다. 또 오랫동안 언론과 언론인에 대한 가혹한 탄압으로 힘들어 했으며, 언론사 통폐합으로 강제 폐간의 쓰라림을 겪기도 했다. 광복 이후 오랫동안 한국의 언론통제에는 일제강점기의 언론통제와 유사한 양상들이 나타났다. 이러한 현상을 일제 언론통제의 영향 때문이라고만 설명할 수는 없지만, 그렇다고 일제강점기 언론통제의 경험과 무관하다고 할 수도 없다. 일제의 언론통제를 살펴보는 것은 단순히 식민지 시기 언론의 실상을 이해하기 위해서뿐만 아니라 광복 이후 한국 언론통제의 뿌리를 밝히는 데도 반드시 필요하다.

참고문헌

- 가와하라 미치코(河原理子) 저, 이상복 · 오성숙 역, 『전쟁과 검열; 이시카와 다쓰조 재조명』, 맑은 생각, 2017.
- 강동진, 『일제의 한국침략정책사』, 한길사, 1980.
- 강창일, 「일제의 조선지배정책」, 『역사와 현실』 12호, 1994.
- 강혜경, 「일제말기 조선방송협회를 통해 살펴본 방송통제」, 『한국민족운동사연구』 69집, 2011.
- 검열연구회 편, 『식민지 검열-제도 · 텍스트 · 실천』, 소명출판, 2011.
- 계초전기간행회, 『계초 방응모전』, 조선일보사, 1980.
- 계훈모 편, 『한국언론연표』, 관훈클럽신영연구기금, 1979.
- 국사편찬위원회, 『한민족독립운동사자료집』, 국사편찬위원회, 2008.
- 김규환, 『일제의 대한(對韓) 언론 · 선전정책』, 이우출판사, 1978.
- 김근수, 『한국잡지사』, 청록출판사, 1980.
- 김동명, 『지배와 저항, 그리고 협력-식민지 조선에서의 일본제국주의와 조선인의 정치운동』, 경인문화사, 2006.
- 김민환 · 박용규 · 김문종, 『일제강점기 언론사 연구』, 나남, 2008.
- 김상태 편역, 『물 수 없다면 짖지도 마라-윤치호 일기로 보는 식민지 시기 역사』, 산처럼, 2012.
- 김영희, 「일제말기 국민총력운동의 전개와 농촌통제정책」, 『한국독립운동사연구』 14집, 2000.
- ______, 『한국사회의 미디어 출현과 수용: 1880~1980』, 커뮤니케이션북스, 2009,
- 김을한, 『한국신문사화』, 탐구당, 1975.
- 김인수, 「총력전기 일본어 글쓰기의 사상공간과 언어검열」, 공제욱 · 정근식 편, 『식

민지의 일상-지배와 균열』, 문화과학사, 2005.

• ______, 「1930년대 후반 조선주둔 일본군의 대(對)소련, 대(對)조선 정보사상전」, 『한국문학연구』 32집, 2007.
• 김창록, 「일제강점기 언론 · 출판 법제」, 『한국문학연구』 30집, 2006.
• 김학민 · 정운현 편, 『친일파 죄상기』, 학민사, 1993,
• 김형섭, 「『국민문학』의 서지 및 성격 고찰」, 『일어일문학』 39호, 2008.
• 독립운동사 편찬위원회, 『한민족독립운동사자료집 70-문화투쟁사 자료집』, 독립유공자사업기금운용위원회. 1977,
• 동아일보사, 『동아일보사사』 권1, 동아일보사, 1975.
• 마츠다 도시히코(松田利彦) 저, 김인덕 역, 『일제시기 참정권문제와 조선인』, 국학자료원, 2004.
• 문한별, 『검열, 실종된 작품과 문학사의 복원』, 나남, 2017.
• 미야타 세츠코(宮田節子) 저, 이형랑 역, 『조선민중과 황민화정책』, 일조각, 1997.
• 박경식, 『일본제국주의와 조선지배』, 청아, 1986.
• 박수현, 「전시파시즘기(1937-1945) 조선 지식인의 체제협력 양상과 논리-신문 · 잡지의 친일 글을 중심으로」, 『한국민족운동사연구』 46집, 2006.
• 박종린, 「『공영』을 통해 본 대동동지회의 활동과 친일논리」, 『역사와 현실』 69호, 2008.
• 박용규, 『식민지시기 언론과 언론인』, 소명출판, 2015.
• ______, 『언론과 친일-친일언론의 역사와 잔재』, 도서출판 선인, 2021.
• 박헌호, 「검열연구의 여정과 가능성」, 『한국학연구』 51집, 2018.
• 박현수, 「『신생활』 필화사건 재고」, 『대동문화연구』 106집, 2019.
• 배병욱, 「한말 · 일제하 웅본(熊本) 국권당의 '조선어학생 파견사업' 연구」, 동아대학교 박사학위논문, 2019.

• 변은진, 『파시즘적 근대체험과 조선 민중의 현실인식』, 도서출판 선인, 2013.
• 사희영, 「잡지 『동양지광』으로 본 동양과 서양」, 『일어일문학』 77집, 2018.
• 서중석, 『한국현대 민족운동연구』 2판, 역사비평사, 1992.
• 손지연, 「식민지 조선에서의 검열의 사상과 방법」, 『한국문학연구』 32집, 2007.
• 송영호, 「나의 방송시절」, 『신문과 방송』, 1979년 7월호, 1979.
• 스즈키 케이후(鈴木敬夫), 『법을 통한 조선식민지 지배에 관한 연구』, 고려대학교 민족문화연구소, 1989.
• 쓰가와 이즈미(津川泉) 저, 김재홍 역, 『JODK, 사라진 호출부호』, 커뮤니케이션북스, 1999.
• 시노하라 쇼우조(篠原昌三) 외, 김재홍 역, 『조선방송협회 회상기』, 커뮤니케이션북스, 2006.
• 유병은, 『단파방송 연락운동』, KBS 문화사업단, 1991.
• ______, 『초창기 방송시대의 방송야사』, KBS 문화사업단, 1998.
• 유석환, 「1930년대 잡지시장의 변동과 잡지 『비판』의 대응」, 『사이間SAI』 6호, 2009.
• ______, 「경쟁하는 잡지들, 확산되는 문학 (2)-1930년대 『중앙』과 『사해공론』, 『조광』의 사례」, 『한국문학연구』 53집, 2017.
• 이연, 『일제강점기 조선언론통제사』, 박영사, 2013.
• 이완범, 「김성수의 식민지 권력에 대한 저항과 협력: '협력적 저항'에서 '저항적 협력'으로」, 『한국민족운동사연구』 43집, 2009.
• 이현, 「나의 방송 시절」, 『신문과 방송』 1979년 9월호, 1979.
• 이덕근, 『산있고 물있고』, 호서문화사, 1986.
• 이민주, 『제국과 검열-일제하 신문통제와 제국적 검열체제』, 소명출판, 2020.
• 이범경, 『한국방송사』, 범우사, 1994.
• 이종민, 「전시하 애국반 조직과 도시의 일상통제-경성부를 중심으로」, 『동방학지』

124권, 2004.

• 이태훈, 「『시사평론』을 통해 본 국민협회의 근대국가 인식과 참정권 청원론」, 『역사와 현실』 6호, 2008.

• 이해창, 『한국신문사 연구』, 성문각, 1971.

• 이혜구, 『만당 문채록』, 서울대학교 출판부, 1970.

• 인촌기념회, 『인촌 김성수전』, 인촌기념회, 1976.

• 임종국, 『친일문학론』, 평화출판사, 1966.

• ______, 『일제하의 사상탄압』, 평화출판사, 1985.

• 장신, 「1922년 잡지 『신천지』 필화사건 연구」, 『역사문제연구』 13호, 2004.

• ____, 『조선 · 동아일보의 탄생』, 역사비평사, 2021.

• 장석흥, 「일제의 식민지 언론정책과 총독부 기관지 매일신보의 성격」, 『한국독립운동사연구』 6집, 1992.

• 전명혁, 『일제강점기 치안유지법의 성립과 적용』, 동북아역사재단, 2024.

• 정근식, 「일제하 검열기구와 검열관의 변동」, 『대동문화연구』 51집, 2005.

• ______, 「식민지 검열과 '검열표준': 일본과 대만과의 비교를 통하여」, 『대동문화연구』 79집, 2012.

• 정근식 외, 『검열의 제국: 문화의 통제와 재생산』, 푸른 역사, 2016.

• 정진석, 『한국언론사』, 나남, 1990.

• ______, 「파인 김동환과 『삼천리』」, 『관훈저널』 63호, 1996.

• ______, 『언론조선총독부』, 커뮤니케이션북스, 2005.

• ______, 『극비 조선총독부의 언론검열과 탄압』, 커뮤니케이션북스, 2007.

• 조선일보사, 『조선일보 70년사』, 조선일보사, 1990.

• 조풍연, 「부끄러운 기자생활-연단만은 소득」, 『언론비화 50편』, 한국신문연구소, 1978.

- 채백, 『사라진 일장의 진실』, 커뮤니케이션북스, 2008.
- 최준, 『한국신문사』, 일조각, 1960.
- ______, 『한국신문사 논고』, 일조각, 1976.
- 최기영, 「광무신문지법에 관한 연구」, 『역사학보』 92집, 1981.
- 최민지, 『일제하 민족언론사론』, 일월서각, 1978.
- 최수일, 『개벽 연구』, 소명출판, 2008.
- ______, 「『조광』에 대한 서지적 고찰」, 『민족문학사연구』 49호, 2012.
- ______, 「1930년대 미디어 검열에 대한 독법의 문제: 『조광』의 비문자 표상을 중심으로」, 『민족문학사연구』 51호, 2013.
- ______, 「『중앙』과 검열의 문제-굴신: 타협과 저항 사이에서」, 『민족문학사연구』 63호, 2017.
- ______, 「잡지 『신동아』와 검열의 역할-검열 현황과 검열의 명시」, 『한국학연구』 57집, 2020.
- 최유리, 『일제 말기 식민지 지배정책 연구』, 국학자료원, 1997.
- 친일반민족행위진상규명위원회, 『친일반민족행위진상규명보고서 Ⅳ-17』, 친일반민족행위진상규명위원회, 2009.
- 한국방송공사, 『한국방송사』, 한국방송공사, 1977.
- ___________, 『한국방송 60년사』, 한국방송공사, 1987.
- 한국방송협회, 『한국방송 70년사』, 한국방송협회, 1997.
- 한국신문연구소, 『언론비화 50편』, 한국신문연구소, 1978.
- 한기형, 『식민지 문역』, 성균관대학교 출판부, 2019.
- 한만수, 『허용된 불온-식민지시기 검열과 한국문학』, 소명출판, 2015.
- 한영학, 「광무신문지법과 일본 신문지법의 비교」, 『한국언론학보』 55권 1호, 2011.

찾아보기

일제침탈사 바로알기 36
일제의 식민 지배 정책과 언론통제

초판 1쇄 발행 2025년 12월 10일

지은이 박용규
펴낸이 박지향
펴낸곳 동북아역사재단

등 록 제312-2004-050호(2004년 10월 18일)
주 소 서울시 서대문구 통일로 81 NH농협생명빌딩
전 화 02-2012-6065
홈페이지 www.nahf.or.kr
제작·인쇄 (주)동국문화

ISBN 979-11-7161-252-9 (04910)
978-89-6187-482-3 (세트)